Monika Specht-Tomann
Doris Tropper

Bis zuletzt an deiner Seite

W0373872

Monika Specht-Tomann
Doris Tropper

Bis zuletzt an deiner Seite

Begleitung und Pflege schwerkranker und sterbender Menschen

mvgverlag

Bibliografische Information der Deutschen Nationalbibliothek
Die Deutsche Nationalbibliothek verzeichnet diese Publikation in der Deutschen Nationalbibliografie. Detaillierte bibliografische Daten sind im Internet über http://dnb.d-nb.de abrufbar.

Für Fragen und Anregungen:
biszuletztandeinerseite@mvg-verlag.de

4. Auflage 2013

© 2003 bei Kreuz Verlag, Stuttgart
© 2008 by mvg Verlag, ein Imprint der Münchner Verlagsgruppe GmbH, München,
Nymphenburger Straße 86
D-80636 München
Tel.: 089 651285-0
Fax: 089 652096

Alle Rechte, insbesondere das Recht der Vervielfältigung und Verbreitung sowie der Übersetzung, vorbehalten. Kein Teil des Werkes darf in irgendeiner Form (durch Fotokopie, Mikrofilm oder ein anderes Verfahren) ohne schriftliche Genehmigung des Verlages reproduziert oder unter Verwendung elektronischer Systeme gespeichert, verarbeitet, vervielfältigt oder verbreitet werden.

Umschlaggestaltung: init Büro für Gestaltung, Bielefeld
Umschlagabbildung: plainpicture, Hamburg
Satz: Jürgen Echter, Landsberg am Lech
Druck: Konrad Triltsch GmbH, Ochsenfurt
Printed in Germany

ISBN 978-3-636-07243-6

Weitere Infos zum Thema

www.mvg-verlag.de
Gerne übersenden wir Ihnen unser aktuelles Verlagsprogramm.

Inhalt

Einführung

Nichts in unserem Leben ist so gewiss wie die Tatsache, sterben zu müssen. Mögen die Errungenschaften der modernen Wissenschaft viel dazu beitragen, die Lebensstrecke jedes Einzelnen zu verlängern – am Ende wartet doch auf jeden von uns der Tod. Ob der letzte Abschnitt als Vollendung und Abrundung des Lebens oder als qualvolles Abtreten erlebt wird, hängt bis zu einem gewissen Grad davon ab, wie gut sich der Einzelne auf sein Ende vorbereitet hat. Aber auch das soziale Netz, die Familie und Freunde spielen in der letzten Lebensphase eine entscheidende Rolle. Wie bei einer Bergwanderung müssen sich Sterbende auf ihre Seilschaft verlassen können. Sie müssen jenen Menschen vertrauen können, die sie auf dem letzten Weg begleiten.

Die häufig anzutreffende Ausgrenzung des Themas Tod aus unserem Lebensalltag bringt nicht nur für die Betroffenen Schwierigkeiten mit sich. Auch die Begleiter* fühlen sich oft überfordert, hilflos, ängstlich, ratlos, verzweifelt. Es fehlt an Vorbildern, an Orientierungshilfen, an mannigfachem Beistand. Was noch vor Jahrzehnten ganz selbstverständlich im Rahmen der Familie geschehen konnte, ereignet sich heute hinter sterilen Türen, fernab der häuslichen Atmosphäre. Die Ausgliederung alter, kranker und sterbender Menschen aus dem Verband der Familie führt immer stärker zu einer »Gettoisierung« des Leidens, einer Ausgrenzung von Tod und Trauer. Gleichzeitig wird

---

* Wir verzichten auf die Schreibweise BegleiterInnen und verwenden den Begriff Begleiter für weibliche und männliche Personen.

die Kluft zwischen dem Alltagsleben und den Grenzsituationen des Lebens immer größer. Der Tod wird so immer stärker tabuisiert. Er wird zu einer Art Betriebsunfall, den es so lange wie nur möglich zu vermeiden gilt. Der Kampf gegen den Tod verstellt oft die Sicht auf die Bedürfnisse des kranken oder sterbenden Menschen – und auf die Möglichkeiten der Begleitung. Sterbenden Menschen beizustehen ist ein Akt zwischenmenschlicher Solidarität, dessen Qualität es wiederzuentdecken gilt. Es ist aber auch eine große soziale und seelische Herausforderung, die unweigerlich eine Auseinandersetzung mit der eigenen Sterblichkeit auslöst.

Diese Auseinandersetzung mit der »menschlichen Selbstverständlichkeit« Tod hat im Laufe der Geschichte ganz unterschiedliche Formen angenommen. Alte Volksmärchen künden ebenso von der Unverrückbarkeit des Todes wie die künstlerischen Arbeiten von Malern und Bildhauern, Dichtern und Musikern. Zu dem Bemühen, Menschen auf das Unausweichliche einzustimmen, gehören Versuche, dem Tod ein menschliches Antlitz zu verleihen. »Es ist ein Schnitter, der heißt Tod«, so beschreibt es beispielsweise ein Volkslied aus dem Dreißigjährigen Krieg. Auch die Begriffe Sensenmann, Knochenmann u. Ä. werden zur Umschreibung des Unbegreiflichen herangezogen. Dabei spielt nicht nur das Unausweichliche eine große Rolle, sondern auch das Allgemeinmenschliche: »*Ich bin der Tod, der alle gleich macht*«, so heißt es in dem Märchen »Der Gevatter Tod« der Gebrüder Grimm. In diesem Märchen wählt sich ein armer Mann für sein zwölftes Kind nicht Gott und auch nicht den Teufel zum Paten, sondern den Tod – mit der Begründung: »*Du bist der Rechte, du holst den Reichen wie den*

Armen ohne Unterschied ...« Für viele Menschen liegt in dieser »Gleichheit vor dem Tod« etwas Tröstliches.

Geborenwerden und Sterben verbinden alle Lebewesen miteinander. Für beide Pole des Lebens gibt es bestimmte gesellschaftlich, kulturell und religiös geprägte Vorbereitungen und Rituale. Es ist nur allzu menschlich, dass die Auseinandersetzung mit dem Tod stärker in den Hintergrund tritt und eher verdrängt wird. Der Tod beendet unsere Aktivitäten, er macht Schluss mit den Freuden des Lebens und zwingt uns, alles hinter uns zu lassen. Nur selten gelingt es, die Signale der Sterblichkeit in den Alltag zu integrieren und sich so auf den großen Abschied vorzubereiten. Auch dieses Problem ist altbekannt:

»Hab' ich dir nicht einen Boten über den anderen geschickt? Kam nicht das Fieber, stieß dich an, rüttelte dich und warf dich nieder? Hat der Schwindel dir nicht den Kopf betäubt? Zwickte dich nicht die Gicht in allen Gliedern? Brauste dir's nicht in den Ohren? Nagte nicht der Zahnschmerz in deinen Backen? Ward dir's nicht dunkel vor den Augen? Über das alles, hat nicht mein leiblicher Bruder, der Schlaf, dich jeden Abend an mich erinnert? Lagst du nicht in der Nacht, als wärst du schon gestorben?«

So spricht der Tod im Märchen »Die Boten des Todes« zu einem Mann, der sich an seiner vermeintlichen Unsterblichkeit festklammert. Texte wie diese belegen, wie schwer es Menschen zu allen Zeiten gefallen ist, die Vorboten des Todes wahrzunehmen und als Einüben in den großen Abschied zu verstehen.

Gestern wie heute ist es schmerzlich, das Leben hinter sich zu lassen und sich dem Tod anzuvertrauen.

Für die Menschen unserer Tage kommt noch erschwerend hinzu, dass Sterben, Tod und Trauer zwar sehr oft durch die Medien und deren Berichterstattung präsent sind, dass es sich jedoch ausschließlich um abstrakte Berichte fernab der eigenen Lebensrealität handelt. Dieser Allgegenwart der Berichte über meist dramatische Todesfälle in weiter Ferne steht ein Beiseiteschieben des »einfachen« Sterbens rund um uns gegenüber. Auch die scheinbare Machbarkeit aller Dinge verstellt den Blick auf die Unausweichlichkeit des Todes. Unterstrichen wird dies durch zahlreiche wissenschaftliche und sozialpolitische Anstrengungen, die Lebenszeit jedes Einzelnen zu verlängern und in ihrer Qualität zu verbessern. Dieses wichtige Anliegen sollte jedoch nicht zu einer verstärkten Ausgrenzung des Themas Sterben und Tod führen. Vielmehr gehören in die Überlegungen, die Lebensqualität in allen Lebensabschnitten zu verbessern, auch jene Gedanken integriert, wie man Menschen auf ihrer letzten Lebensstrecke gut begleiten kann. Dazu ist Folgendes notwendig:

- Über das Sterben zu reden, statt zu schweigen.
- Die Bedürfnisse sterbender Menschen ernst zu nehmen, um ein erfülltes Leben bis in den Tod zu ermöglichen.
- Bedingungen für ein menschenwürdiges Sterben zu schaffen.
- Professionelle Helfer und Helferinnen bei ihren Bemühungen um eine gute Betreuung Sterbender zu unterstützen.
- Angehörigen Hilfestellungen für die Begleitung sterbender Familienmitglieder zu geben.

Versuche, den Tod Stück für Stück in das Lebensbewusstsein der Menschen zurückzuholen, könnten zu einem anderen Umgang mit sterbenden Menschen und zu einer Enttabuisierung des Themenkreises führen. Es kann als neuer gesellschaftlicher Auftrag angesehen werden, Bedingungen zu schaffen, sterbende Menschen entsprechend ihren Bedürfnissen optimal zu begleiten. Dazu bedarf es einer *fachlichen* und einer *sozialen* Kompetenz. Das Wissen um die Gesetzmäßigkeiten des Sterbens ist für eine gute Begleitung ebenso notwendig wie die Bereitschaft, sich mit seinem ganzen Menschsein einzubringen.

Ziel der vorliegenden Broschüre ist:

- Verständnis für den *Prozess des Sterbens* zu wecken,
- die *Bedürfnisse sterbender Menschen* in den Mittelpunkt zu rücken und
- den Begleitern *Hilfestellungen* für ihren Dienst am Nächsten zu geben.

Wir möchten Angehörigen sterbender Menschen sowie professionellen Helfern und Helferinnen, die Schwerkranke und Sterbende betreuen, Impulse für die Bewältigung ihrer Situation geben. Dies wird dann auf fruchtbaren Boden fallen, wenn es gelingt:

- den Prozess des Sterbens als eine intensive *Phase des Lebens* zu verstehen und typische Merkmale zu kennen,
- über die *persönlichen Voraussetzungen* im Sinn von »Geboten für Helfende« nachzudenken und so einer Überforderung vorzubeugen und

- sich mit konkreten *Impulsen der Sterbebegleitung* konkret auseinanderzusetzen.

Wir hoffen, dass diese Broschüre all jenen zu einem treuen Begleiter wird, die Menschen auf ihrer letzten Lebensstrecke beistehen und dazu beitragen, dass dieser Weg ein *Weg ins Licht* werden kann.

Stationen des Sterbens – der Sterbeprozess

Sterben ist kein plötzlich eintretendes Ereignis, kein Schlusspunkt, kein fertiges Ergebnis. Sterben ist mit einer Reise vergleichbar, mit dem Beschreiten eines Weges, der verschiedene markante Wegbiegungen aufweist, der Hürden und Hindernisse eingebaut und doch ein klares Ziel hat: den Übergang, die Schwelle, den Tod. Der Vergleich mit einem Weg macht es vielleicht leichter, die typischen Merkmale herauszuarbeiten, die mehr oder weniger bei allen Menschen erkennbar sind, und jene, die von Mensch zu Mensch verschieden sind. Es gibt so viele Wege – man braucht sich nur in seiner nächsten Umgebung umzusehen: enge, steile, breite, gewundene, begrenzte, holprige, asphaltierte, mit Moos bewachsene, alte verwitterte, frisch angelegte, gepflegte, verwilderte, gerade ... Ja, die Fülle an vorstellbaren Wegen ist groß! Und trotz ihrer Verschiedenheit sind dies doch alles Wege, die als solche auch identifiziert werden können.

Wir können den Sterbeprozess als einen speziellen Weg begreifen, der typische Merkmale und markante Stationen hat, die für alle Menschen gleich sind. Wie jeder Einzelne diese Stationen jedoch gestaltet und ausformt, welche Farbe er ihnen verleiht und in welchem Tempo er sie passiert, das wird ganz unterschiedlich sein. Es wird unter anderem von seiner Persönlichkeit abhängen, von der Art und Weise, wie er sein bisheriges Leben gestaltet hat, welcher Religion er sich zugehörig fühlt, in welchem Kulturkreis er lebt usw.

Für viele Begleiter ist es hilfreich, sich die einzelnen Stationen mit den jeweils typischen Merkmalen einzuprägen. Es ist dies vergleichbar mit dem Vertrautmachen eines unwirtlichen Geländes, eines unbekannten Landes, einer neuen Stadt. Dieses Grundwissen um den typischen Verlauf eines Sterbeweges kann den Blick frei machen auf die persönliche Ausgestaltung jenes Menschen, der gerade begleitet wird. Je mehr ein Begleiter über die Gesetzmäßigkeiten des Sterbens Bescheid weiß, desto eher wird er in der Lage sein, mit seinen eigenen Kräften sorgsam umzugehen und sein Augenmerk auf die Ausgestaltung der »Seitenwege«, der individuellen Besonderheiten zu legen.

Sterben ist ein so komplexer Vorgang, dass es wohl nie möglich sein wird, ihn in seiner Ganzheit zu erfassen und darzustellen. Manchmal tritt der eine Aspekt mehr in den Vordergrund, dann wieder ein anderer. Und so wird es auch in der Begleitung immer wieder zu einer Verlagerung der Aufmerksamkeit kommen. Der Begleiter wird ein feines Sensorium – ein feines Gespür – dafür entwickeln, was gerade zu tun oder nicht zu tun ist. In jedem Fall ist Sterben mit Trauer verbunden. Wir finden bei jedem sterbenden Menschen eine Verschränkung von Sterbe- und Trauerprozess vor. »In jedem Sterbenden trauert etwas, und in jedem Trauernden stirbt etwas«, so könnte man diese Verschränkung seelischer, aber auch körperlicher Vorgänge umschreiben. Bei Durchsicht der relevanten Literatur fällt auf, wie ähnlich die Phasen des Sterbens und die Phasen der Trauer beschrieben, ja sogar benannt werden. Dies entspricht durchaus unserer Erfahrung, dass jeder Sterbende trauert und jeder Trauernde einen Tod – und sei es auch nur im übertragenen Sinn – zu beklagen hat.

Welche Stationen sind besonders markant und werden von allen Sterbenden erlebt?

Das Wort »Sterben« löst in jedem Menschen eine Fülle von Gedankenverbindungen aus:

... *Ende, Müdigkeit, Kampf, Fallen, Herbst, Weinen, Verzweiflung, Krankheit, Erlösung, Einsamkeit, Hoffnung, Friede, Auferstehung, Kälte, Winter ...*

So vielfältig wie diese Vorstellungen, Fantasien und Ängste sind, so vielfältig sind auch die Wege, die Menschen am Ende ihres Lebens gehen. Trotz aller Verschiedenheit werden einige Stationen auf diesem Weg von allen passiert. Man spricht in diesem Zusammenhang auch von *Sterbephasen.*

1. Station: »Nein, nicht ich!« – Ablehnung
2. Station: »Warum ich?« – Auflehnung
3. Station: »Ja, aber ...« – Verhandeln
4. Station: »Ja, ich.« – Trauer
5. Station: »Ja!« – Annahme

Was bedeuten die einzelnen Stationen für den Sterbenden, und wie werden sie erlebt?

1. Station: »Nein, nicht ich!« – Ablehnung

Am Beginn des Sterbeweges steht ein lautes, verzweifeltes Nein. Dieses Nein ist eine erste Reaktion auf den Schrecken über eine schwere Erkrankung und auf die aufkommende Panik, dem Tod ins Gesicht schauen zu müssen. Verdrängen, Verleugnen, Nicht-Wahrhaben – das alles gehört zu den typischen Merkmalen der ersten Station des Sterbeweges. Alle Bemühungen der Umwelt, diesem Menschen die »Wahrheit« nahezubringen, müssen an dem vehementen *Nein* scheitern. Seele und Körper sind aus dem Gleichgewicht geraten. Der Schock sitzt tief. Die ganze Welt droht auseinanderzubrechen. In dieser Situation müssen Gefühle eingefroren werden, da muss der Alltag mit all seinen Banalitäten als Rettungsanker herhalten, um nicht gänzlich die Kontrolle über sich, seinen Körper und seine Reaktionen zu verlieren. Menschen verweilen unterschiedlich lang an dieser Station, manchmal kann es sich um wenige Stunden handeln, meistens jedoch sind es Tage bis Wochen. Auch kann diese Station im Verlauf des Sterbeprozesses immer wieder aufgesucht werden. Es ist wie bei einem Menschen, der sich für neue Schritte noch nicht sicher genug fühlt und zu jenen Orten zurückkehrt, die er bereits kennt. Auf dem Schild der ersten Station könnten folgende Aussagen stehen:

»Ich kann es nicht glauben.«
»Ich fühle mich wie erschlagen.«
»Ich bin unfähig, einen klaren Gedanken zu fassen.«
»Ich höre immer nur das eine Wort ...«
»Ich habe meine Sprache verloren.«

Beispiel aus der Praxis: »Nein, nicht ich!«

Frau W. hat heute einen Termin bei ihrem Hausarzt. Während sie von ihrer Arbeitsstelle zur Ordination hastet, denkt sie an die vielen Untersuchungen zurück, die sie in den letzten drei Wochen über sich ergehen lassen musste. Begonnen hatte alles nach einer Grippe mit starken Kopfschmerzen. X-mal musste sie Blut abnehmen lassen und den Harn zur Kontrolle bringen. Dann wurde sie ans örtliche Klinikum überwiesen – wieder Blutabnahmen, Röntgenbilder von der Wirbelsäule und zuletzt auch noch die unangenehme Magnetresonanzuntersuchung ...

Dr. L. sitzt angespannt in seinem schwarzen Ledersessel und sieht Frau W. mit einem ernsten Blick an: »Sie müssen so rasch wie möglich auf die Neurochirurgie«, sagt er mit belegter Stimme. »Es tut mir leid, dass ich Ihnen keine besseren Nachrichten überbringen kann, aber die Spezialisten fanden einen kleinen Tumor in Ihrer linken Hirnhälfte. Wir sollten keine Zeit verlieren! Ich werde gleich anrufen, damit schon morgen ein Bett für Sie bereitsteht.« Nach einer kurzen Pause nochmals: »Es tut mir ja so leid ...«

Im ersten Moment wirkt Frau W. wie nach einem schweren Keulenschlag, sie kauert zusammengesunken im Sessel. Dann richtet sie sich plötzlich auf, hält dem Arzt lächelnd ihre Hand hin und sagt: »Danke schön, Herr Doktor.« Der Arzt ist verwirrt. Frau W. steht auf und verlässt die Praxis, als wäre nichts geschehen. Erst als sie die Eingangstür von außen schließt und die kalte Abendluft einatmet, fühlt sie sich wie in einem Taumel. Sie lässt sich von den nach Hause eilenden Menschenmassen hin und her treiben, nimmt irgendeinen Bus und fährt ans andere Ende der Stadt. »Nein!«, denkt sie immer wieder. »Dr. L. muss mich mit einer anderen Patientin verwechselt haben. Ich werde mir einen anderen Arzt suchen. So ein Unsinn!!!«

Der Bus kann sich nur mühsam seinen Weg durch den abendlichen Verkehr bahnen. Während Frau W. aus dem Fenster blickt, ziehen Häuser, Straßen und Gesichter von Menschen an ihr vorbei. Sie denkt dabei an Peter, der gerade erst in den Kindergarten gekommen ist, und an Maria, die mit ihren zwölf Jahren schon sehr selbstständig ist. Nur mühsam kann sie ihre Tränen unterdrücken. Beim Gedanken an Fritz, ihren Mann, ist es mit der Beherrschung vorbei. Sie bricht in lautes Schluchzen aus. Mitleidige Blicke von Businsassen streifen sie. An irgendeiner Haltestelle steigt sie aus dem Bus. Sie weiß nicht, wo sie ist, doch irgendwie kommt ihr die Straße sehr vertraut vor. Sie drückt sich in einen Hauseingang, und da leuchtet vor ihr das goldene Messingschild mit dem Namen »Rita B.« auf. Rita ist ihre älteste und beste Freundin. Frau W. drückt die Klingel. Welch ein Glück, Rita ist zu Hause!

(Tropper, D.)

2. Station: »Warum ich?« – Auflehnung

Die zweite Station auf dem Sterbeweg leuchtet schon von Weitem in schrillen Farben. Sie ist geprägt von einer Fülle von Gefühlen, die sich aus der Erstarrung gelöst haben und nun frei fließen können. Zorn und Wut, Hass, Verzweiflung, Anklage, Jammern und Klagen und immer wieder die Frage: »Warum ich?« Diese Frage wird in allen Variationen durchgesprochen, sie wird gedreht und gewendet, bis sie schließlich in eine verzweifelte Anklage gegen Gott und die Welt mündet. Gerade diese Phase wird von Mensch zu Mensch sehr unterschiedlich gestaltet. Hier kommt meist die Persönlichkeit besonders deutlich zum Vorschein, aber auch die sozialen Normen und Traditionen überformen das breite Band möglicher Emotionen. So schwierig diese Station für alle Begleiter auch ist, so heilsam ist sie für den Betroffenen selbst. Das Ausleben der oft so bedrückenden Gefühle kann wie ein reinigendes Gewitter wirken und den Menschen frei machen, um hinter die nächste Wegbiegung zu sehen. Folgende Aussagen könnten auf dem Schild der zweiten Station stehen:

»Warum muss ich das alles aushalten?«
»Ich hasse alle aufmunternden Briefe und Ansichtskarten!«
»Warum hat Gott mich im Stich gelassen?«
»Meine Verzweiflung kennt keine Grenzen!«
»Warum jetzt und warum ich?«

Beispiel aus der Praxis: »Warum ich?«

Herr K. feierte erst vor wenigen Monaten seinen 65. Geburtstag. Es ist noch kein Jahr her, dass er endlich in den wohlverdienten Ruhestand gehen konnte. Darauf hatte er sich insgeheim bereits die letzten fünf Jahre gefreut. So viele Pläne waren geschmiedet worden: eine neue Holztreppe im Wochenendhäuschen, endlich nach Lust und Laune Bergwandern mit seiner Gattin Ilse – und da war vor allem die große Reise nach Ägypten, in das Land der Pyramiden, in das Land seiner Träume. Doch es kam alles ganz anders. Herr K. war mit dem Fahrrad wie jeden Freitagmorgen vom Bauernmarkt nach Hause gefahren, als plötzlich ein mit Erdreich beladener Groß-LKW aus einem Seitenweg auf die Hauptstraße bog. Herr K. hatte keine Chance, noch rechtzeitig auszuweichen. Er kam unter das große Zwillingsrad des Transporters und verletzte sich schwer. Drei Wochen lag er im Koma; die Ärzte zweifelten, dass er aufwachen würde, und machten seiner Frau keinerlei Hoffnungen. Nach sechs Wochen Intensivstation steht nun fest: Herr K. hat überlebt – allerdings ist er von der Brust abwärts gelähmt. Eine Hand musste ihm amputiert werden, Milz und Leber funktionieren noch immer nicht entsprechend, die Kopfverletzungen hingegen sind relativ gut verheilt, und er kann ohne Probleme kurze Zeit sprechen und mit seinen Augen Signale aussenden.

Herr K. ist verzweifelt. »Ich will sterben!«, herrscht er die Krankenschwester an. »Warum haben Sie mich zurückgeholt, Frau Doktor?« Diese Frage stellt er jeden Tag der Stationsärztin. »Wenn ich könnte, würde ich mich zum Fenster hinausstürzen!« Auch seine Frau Ilse kann ihm nichts recht machen. Gestern brachte sie ihm seinen Lieblingskuchen, einen Marmorgugelhupf, mit. Doch sie erntete von ihm nur Nörgelei und böse Worte. »Warum musste ausgerechnet mir dieses Unglück passieren?«, jammert er immer wieder. »Warum jetzt, wo wir doch in drei Monaten nach Ägypten fahren wollten!« Ängstlich und in sich zurückgezogen sitzt seine Frau oft stundenlang am Bett ihres Mannes und ist genauso verzweifelt wie er.

In den langen Nächten, die nicht und nicht zu Ende gehen wollen, schreit sich Herr K. manchmal seine Verzweiflung aus der Seele. Dann kommt Nachtschwester Magdalena zu ihm. Sie bringt ihm keine Beruhigungspillen, sondern nimmt sich Zeit und setzt sich an sein Bett.

(Tropper, D.)

3. Station: »Ja, aber …« – Verhandeln

Der Vulkan aufbrechender Gefühle ist wieder zur Ruhe gekommen, noch sieht man die eine oder andere Rauchschwade vorbeiziehen, hört das eine oder andere Grollen – doch das Feuer ist erloschen. Nun wendet sich der Sterbende einem neuen Wegabschnitt zu, der Station des Verhandelns. Hinter den vielen kleinen und großen Versuchen, mit dem Pflegepersonal, mit den Ärzten oder den eigenen Familienangehörigen – ja sogar mit Gott – zu verhandeln, steht der übergroße Wunsch, dem Tod doch noch ein Schnippchen zu schlagen. Es ist eine Zeit des Arrangierens, der kleinen Hoffnungen und der großen Bereitschaft, das Leid anzunehmen, um wenigstens noch eine Zeit das Leben in seinen bunten Farben zu spüren. Die Bereitschaft, sich auf alles einzulassen, was ihre Situation zu fordern scheint, macht Menschen in dieser Phase besonders anfällig gegenüber jeder Form des Aberglaubens, der sogenannten Wunderheiler u. Ä. Dieses »Ja, aber …« beinhaltet eben keine wirkliche Annahme der Situation, sondern eher einen verdeckten stillen Kampf um kleine Freiheiten. Auf dem Schild der dritten Station könnten folgende Aussagen stehen:

»Ich bin bereit, alle Schmerzen zu ertragen, wenn …«
»Ich werde mein Leben neu ordnen, wenn …«
»Nur die Hochzeit meiner Tochter möchte ich erleben, dafür nehme ich alles auf mich!«
»Ich werde mich in mein Schicksal fügen, wenn ich nur noch ein Mal …«
»Ich werde mich allem fügen, wenn ich die Wochenenden zu Hause verbringen kann.«

Beispiel aus der Praxis: »Ja, aber …«

Frau S. war bis vor einem Jahr eine arbeitsame und flinke Bäuerin auf einem wunderschön gelegenen Bergbauernhof in den Voralpen. Die 55-jährige Frau kennt von Kindheit an nur harte Arbeit. Ihre Mutter ist früh verstorben, und so musste die damals 17-Jährige vier Geschwister großziehen. Vor 35 Jahren heiratete sie in den Nachbarhof ein, und auch dort hatte sie es nicht leicht. Im selben Haus wohnen ihre Schwiegereltern und zwei alte kränkliche Knechte, die von Frau S. gepflegt werden müssen. Neben Haushalt, Landwirtschaft, Kuhstall und Gemüsegarten hat sie vier Kinder zur Welt gebracht, die alle einen Beruf erlernten, in die Stadt gezogen sind und nur noch am Wochenende auf Besuch kommen.

Es war einen Tag vor Heiligabend, und Frau S. hatte in der Küche alle Hände voll zu tun, um den Weihnachtsbraten und die vielen Beilagen vorzubereiten, als sie starke Bauchschmerzen bekam. Sie biss die Zähne zusammen und betete unter dem Herrgottswinkel, den sie in der Bauernstube weihnachtlich geschmückt hatte, der Herr möge doch diese Schmerzen vorübergehen lassen, denn schließlich hätte sie noch so viel zu tun. In der Nacht musste der Arzt kommen, der sofort einen Krankentransport organisierte. Noch in den Morgenstunden wurde eine Notoperation angesetzt, um die vermeintlichen Gallensteine zu entfernen. Die Operation dauerte mehrere

Stunden, und nach ihrem Abschluss stand fest: Die Patientin litt an Leberzirrhose. Erst konnte Frau S. die Diagnose weder akzeptieren noch begreifen. Sie, die nie auch nur einen einzigen Tropfen Alkohol getrunken hatte – höchstens im Herbst zur Mahd auf dem Feld einmal einen kleinen Schluck Most (= vergorener Apfelsaft) –, sie sollte an einer Krankheit leiden, die ihrer Meinung nach nur Alkoholiker haben konnten?
Vieles hatte sich nach dem verhängnisvollen Heiligen Abend für sie verändert: Schwere Arbeit im Frühjahr auf dem Kartoffelacker und im Gemüsegarten war nun nicht mehr möglich. Auch im Haus ging ihr nicht mehr alles so rasch von der Hand; sie war oft müde und niedergeschlagen und musste für sich selbst das Essen eigens kochen, da sie kein Schweinefett verwenden durfte. Doch zum Glück zog ihre jüngste Schwester Katharina mit ihrer kleinen Tochter Maria zu ihr auf den Bauernhof. Sie übernahm die Pflege der alten Bewohner und konnte ihre Schwester auch bei allen landwirtschaftlichen Arbeiten entlasten. Zwischen Frau S. und der kleinen Maria entwickelte sich eine besonders innige Beziehung. Bereits im Krankenhaus bei jedem der vielen Aufenthalte im letzten Jahr freute sie sich am meisten über den Besuch von Maria. Des Öfteren wollte sie niemanden aus der Familie sehen, schon gar nicht ihren Mann Josef. Doch das kleine Mädchen mit den roten Wangen und dem selbst gepflückten Blumenstrauß konnte Wunder bewirken: Frau S. aß wieder so viel wie möglich und zeigte sich bei allen Therapien sehr kooperativ. Zur Erstkommunion des Mädchens durfte die Patientin sogar über das Wochenende die Station verlassen, um dieses Fest mitfeiern zu können.
Frau S. ist eine sehr gläubige Frau. Jeden Sonntag macht sich die Familie auf den Weg zur zehn Kilometer entfernten Ortschaft, um in der Kirche am Hochamt teilzunehmen. Für sie ist es heute zu anstrengend, den weiten Weg auf sich zu nehmen. Frau S. sitzt mit gefalteten Händen in der Stube am großen Bauerntisch und fleht den Gekreuzigten im Herrgottswinkel an,

dass er sie wenigstens bis Weihnachten noch leben lassen möge, damit sie Maria die große Puppe mit dem Porzellankopf schenken könne. »Nur noch bis Weihnachten ...«

(Tropper, D.)

4. Station: »Ja, ich.« – Trauer

Die Zeit des Handelns und Verhandelns, des Feilschens um jede auch noch so kleine Freiheit geht vorbei, und eine große Stille kehrt ein. Der Sterbeweg liegt in gedämpftem Licht, schwarze Schatten sind zu sehen. Längst zurückliegende Verlustsituationen tauchen vor dem inneren Auge auf und legen eine tiefe Traurigkeit über diese Wegstrecke. Dazu kommt noch die Einsicht, dass diese Reise wohl die letzte sein wird, dass dieser Weg in den Tod führt. Und somit gesellt sich zu der Trauer um weit zurückliegende Verluste die vorbereitende Trauer, alles hinter sich lassen zu müssen. Es gilt Abschied zu nehmen von all den Dingen, die im Leben wichtig waren, von Menschen, Landschaften, Zukunftsbildern, Hoffnungen und Wünschen. Das führt den Menschen in eine innere Wüstenlandschaft, in der die Quellen der Hoffnung vertrocknet scheinen. Wehmut über die vielen nicht gelebten Aspekte des Lebens vermischt sich mit der Angst vor dem, was kommen wird. Nirgendwo wird die Verschränkung von Sterbe- und Trauerprozess so deutlich wie an dieser Wegstation! Auf dem Schild vor dieser vierten Station könnten folgende Aussagen stehen:

»Ich habe keine Zukunft mehr.«
»Ich weiß jetzt, dass ich sterben muss – das macht mich traurig.«
»Ich kann nur mehr zurückschauen: Das also war mein Leben.«

»Alles um mich ist dunkel und schwer.«
»Ich habe Angst vor dem Ungewissen.«

Beispiel aus der Praxis: »Ja, ich.«

Die Palliativstation des großen Klinikums ist ein langer, an den Wald angrenzender Bau mit großen Glastüren und -fenstern, um den Patienten möglichst viel Natur und Umwelt wahrnehmbar zu machen. Doch heute ist ein grauer, nebliger Tag. Das Wetter scheint sich dem Gemütszustand von Isabella angepasst zu haben, denn die 17-Jährige liegt teilnahmslos in ihrem Bett und starrt zur Decke. Gestern war sie noch im Lehnstuhl auf der Terrasse gewesen und hatte viele kleine Meisen am Waldrand beobachten können. Heute hat sie das Gefühl, als läge eine tiefe dunkelgraue Schwermut über ihrem Zimmer, auf der ganzen Station. Isabella ist an Leukämie erkrankt. Ihr Zustand hatte sich in den letzten Tagen derart verschlechtert, dass sie nicht allein zu Hause bleiben konnte. Das Mädchen ist sich über ihren Gesundheitszustand im Klaren, sie macht sich jedoch oft Sorgen um ihre arbeitsame Mutter. Ihre Mutter besitzt eine kleine Boutique und hat zurzeit sehr viel Arbeit mit dem Einkauf der Frühjahrsmode. »Wie wird es Mama wohl gehen, wenn ich einmal nicht mehr da bin?«, fragt sich das Mädchen oft. Isabella kennt ihren Vater nicht, da sich das Paar ein halbes Jahr vor ihrer Geburt trennte. Frau M. hat unter großen Schwierigkeiten und mit vielen Entbehrungen das Kind großgezogen. Erst in den letzten drei, vier Jahren war es den beiden auch finanziell besser gegangen. »Und jetzt diese Erkrankung, warum nur?«, denkt ihre Mutter immer wieder; manchmal spricht sie es auch laut aus.

Als Schwester Gabi vorsichtig an die Tür klopft und ihren blonden Kopf hereinsteckt, spürt sie sofort die tiefe Traurigkeit und die depressive Stimmung, die sich im Zimmer breitgemacht hat. Aus Isabellas tiefblauen großen Augen kullern Tränen. Die junge Krankenschwester ist – so wie das gesamte Team der Station – tief betroffen über die Tatsache, dass sich Isabellas Gesundheitszustand derart verschlechtert hat. Hilflos sind sie alle, sie wissen oft nicht, wie sie die junge Frau ansprechen sollen, die manchmal eine für ihr Alter unglaublich abgeklärte Weisheit an den Tag legt. Schwester Gabi schleicht auf Zehenspitzen zum Bett der Patientin, berührt ihre Hand. Isabella blickt sie an und sagt: »Schwester Gabi, wann werde ich sterben?« Die junge Krankenpflegerin lässt sich mit ihrer Antwort eine halbe Minute Zeit. Dann sagt sie mit belegter Stimme: »Ich weiß es nicht. Ich weiß es wirklich nicht.« Wieder entsteht ein fast unerträgliches Schweigen, dann kommt ihr die rettende Idee: »Möchten Sie mit Herrn Wolfgang sprechen? Soll ich ihn anrufen, damit er zu Ihnen kommt?« Isabella nickt erfreut.

Wolfgang T. ist Pastoralassistent und betreut sowohl Patienten als auch Personal der Palliativstation. Der 40-jährige Theologe hat jahrelange Erfahrung mit Krebspatienten; er wird ob seiner einfühlsamen und ruhigen Art von allen außerordentlich geschätzt.

(Tropper, D.)

5. Station: »Ja!« – Annahme

Die letzte Station auf dem Weg des Sterbens ist die Station der Annahme. Dieser Abschnitt hält keine Unebenheiten, keine unerwarteten Wegbiegungen und uneinsehbaren Wegstrecken bereit. Der Kampf um das Leben ist zu Ende, das Verhandeln ist abgeschlossen, die Tränen der Verzweiflung und der Trauer sind geweint. Endlich kann der sterbende Mensch in Ruhe seinen Blick nach vorn wenden und seine Kräfte für den »Schritt über die Schwelle« sammeln. Doch manchmal schleichen sich auch Töne der Resignation ein. Dann stehen ein Aufgeben, ein erschöpftes Zurückfallen im Vordergrund und der verborgene Wunsch, mit der Angst vor dem Schritt ins Ungewisse klarzukommen. Dies sind oft die letzten verborgenen Appelle an die Umwelt um Hilfestellung für die persönliche Angstbewältigung. Gelingt es, diesen Stolperstein »Resignation« beiseitezuschieben, ist der »Weg ins Licht« frei! Auf dem Schild zur letzten Station könnten folgende Sätze zu lesen sein:

»Ich empfinde eine Ruhe und Gelassenheit.«
»Ich möchte meine Angst besiegen und in Ruhe die letzten Tage erleben.«
»Ohne Schmerzen zu sein und mit Menschen zusammen, die ich liebe – das wünsche ich mir.«
»Ich möchte still für mich sein und jeden Augenblick bewusst erleben.«
»Ich bin dankbar für mein Leben.«

Beispiel aus der Praxis: »Ja!«

Herr W. liegt zusammengekrümmt wie ein Embryo im großen weißen Bett. 90 Jahre ist er alt, die letzten fünf, sechs Jahre waren sehr beschwerlich gewesen – für ihn, vor allem aber für seine Tochter. Herr W. hatte bis zu seinem 80. Lebensjahr ein ganz selbstständiges Leben geführt. Seit dem Tod seiner Frau vor drei Jahrzehnten unternahm der rüstige Witwer unzählige Reisen; wenn er zu Hause war, kümmerte er sich rührend um seine drei Enkelkinder und die Urenkel. Herr W. war im Alter sehr mild und liebevoll geworden. Das war jedoch nicht immer so, wie sich seine Tochter erinnert, die am Bett ihres Vaters sitzt und seine Hand streichelt. Streng sei er gewesen, wenn sie nur fünf Minuten später als vereinbart nach dem Tanzabend nach Hause gekommen war; unzufrieden war er mit seinem Schwiegersohn, an dem ihm einfach nichts passte, und Mama hatte er oft unglücklich gemacht, wenn er ihr vorrechnete, dass sie zu viel Wirtschaftsgeld verbrauchte. Aber das lag ja jetzt alles schon lange zurück. Seit zehn Jahren lebt Opa W. bei seiner Tochter in einem geräumigen Haus am Stadtrand mit einem wunderschönen Garten. Mit 80 kam er nicht mehr über den Tag, er war vergesslich und verwirrt geworden und erstaunlich schnell einverstanden mit dem Umzug. Aus seiner alten Wohnung durfte er so viele Möbel und Gegenstände wie nur möglich mitnehmen. Das Wichtigste war ihm die alte Pendeluhr, die schon seinen Eltern gehört hatte und die nun auf der Wand gegenüber seinem Bett unaufhaltsam die Minuten und Stunden anschlägt. Seit gut einem halben Jahr kann der alte Mann das Bett nicht mehr verlassen und ist auf die Pflege seiner Tochter angewiesen. Sie selbst ist schon 65 Jahre alt, und wenn sie ihren Vater liebevoll wickelt und ihn füttert, dann legt sich ein Tränenschleier um ihre Augen beim Anblick jenes Häuflein Elends, das nun vor ihr im großen Bett liegt. Dabei war ihr der Vater einst ein großer und starker Mann gewesen. Am meisten hatte sie es geliebt, auf seinen breiten Schultern getragen zu werden. Mit ihm hatte sie ihre ersten Ausflüge in die Berge unternommen, und er war es auch, der ihr eines Tages ein Kinderfahrrad nach Hause brachte – eine echte Rarität in den kalten Wintertagen des Kriegsjahres 1946. Sie war damals genauso alt wie ihre Lieblingsenkelin Elsbeth heute.

Seine Hand hält die ihre fest umklammert. Eine unendliche Ruhe und Frieden kehren im Zimmer ein. Während sie am Bett sitzt, taucht sie weiter in ihre gemeinsame Vergangenheit ein. Sie erinnert sich an Papas Arbeitsunfall und an die vielen Sorgen und Tränen ihrer Mutter. Traurig denkt sie daran, dass Mama in einem Krankenhaus nach einer Operation gestorben ist. Sie konnte sie damals nicht einmal besuchen, weil sie selbst in derselben Klinik lag – zur Entbindung ihres Sohnes Michael. Papa war traurig auf die Gebärabteilung gekommen und hatte ihr schluchzend erklärt, dass Mama eben gestorben sei. Wie war sie damals hin- und hergerissen zwischen den Gefühlen des Schocks und der Trauer, aber auch der Freude über ihren Jungen. »Der Kreis schließt sich immer wieder«, hatte er damals gesagt. »Jetzt wird sich auch bald für mich der Kreis schließen. Wie schnell waren doch die Jahre vergangen …«

(Tropper, D.)

Jeder Mensch erlebt und gestaltet die Stationen seines Sterbens auf unterschiedliche, vielfältige Art und Weise. Und doch: Am Ende des Lebens werden die *Wünsche* einfach und die *Bitten* klar.

Bitten eines Sterbenden

Wenn ich eines Tages sterben muss, dann …

… möchte ich, dass ich es in Ruhe und Würde geschehen lassen kann. Am liebsten zu Hause, und wenn dies nicht möglich ist, dann auf einer Station in einem Krankenhaus oder Altenheim, wo Angehörige wie Pflegepersonal meine Wünsche und Bedürfnisse respektieren;

… will ich schmerzfrei sein, so gut es geht. Ich will eine optimale Schmerztherapie erfahren, damit ich meine letzten Tage noch bewusst erleben kann;

… wünsche ich mir Menschen um mich, die mich an ihrem Leben teilhaben lassen. Ich will nicht abgesondert und ausgeschlossen werden, auch wenn ich schon krank, entstellt, gebrechlich oder verwirrt bin;

… hoffe ich, dass Menschen um mich sind, die meine Sprache – die Sprache eines Sterbenden – verstehen und ihre Symbole deuten können;

… möchte ich so lange wie möglich selbst bestimmen dürfen, was mir guttut und was ich an Therapien und medizinischen Eingriffen über mich ergehen lasse;

… zeige mir die schönsten Farben des Sommers, hole mir Blumen ins Haus, lass mich den Wind spüren und den Schnee begreifen und einen Frühling erahnen;

… bleib ganz still neben mir und halte meine Hand, aber »halte« vor allem mein Schweigen aus, denn dann haben alle Worte ihre Bedeutung verloren;

… möchte ich in Frieden gehen können. Alles soll gut geregelt sein, und meine letzten Wünsche müssen nach meinem Tod auch tatsächlich erfüllt werden;

… will ich Spuren in eurem Leben hinterlassen haben, nicht bloß Spuren in euren Gesichtern und an eurer gekrümmten Wirbelsäule;

… hoffe ich, dass aus meinen Tränen der Furcht und der Trauer Perlen werden und diese Perlen dann in Gottes unendlich großen Schoß fallen – leicht und sanft.

(Tropper, D.)

Der Tod ist groß.
Wir sind die Seinen
lachenden Munds.
Wenn wir uns mitten im Leben meinen,
wagt er zu weinen
mitten in uns.

(Rilke, R. M.)

Gedanken zur Sterbebegleitung

Viele Menschen wünschen sich, in vertrauter Umgebung sterben zu können. Sie wünschen sich einen Ort der Geborgenheit und Sicherheit, eine Umgebung, die ihnen das Gefühl gibt, mit ihren Ängsten, Schmerzen, Sorgen und Sehnsüchten angenommen zu werden. Und sie wünschen sich, nicht allein sein zu müssen, wenn in der Dunkelheit der Nacht das Gespenst »Angst« immer näherrückt, wenn die Fieberträume hässliche Fratzen an die Wand werfen, wenn laute Geräusche wie Donnerschläge die Gedanken durchbrechen und Unruhe stiften. Sie möchten gern eine Hand spüren, die den Schweiß von der Stirn wischt, das Kissen sanft zurechtrückt und mit Respekt ihren Körper berührt. Manch einer hofft auf einen verständnisvollen Blick, ein Lächeln, ein Gespräch, eine Möglichkeit, die vielen inneren Bilder zu ordnen und ein letztes Mal vom Glanz alter Tage erzählen zu können. Groß ist die Sehnsucht nach einem Menschen, der die eigene Unsicherheit aushält, das Schluchzen und Weinen erträgt, der zuschauen kann, wie der Kampf ums Leben verloren wird, und der nicht unter der Last des Leides, das sich vor seinen Augen ausbreitet, zusammenbricht!

Viele dieser Wünsche fließen zwar in die Diskussionen um einen würdigen Umgang mit der letzten Lebensphase ein, doch die öffentliche »Landschaft des Sterbens« ist davon noch weitgehend unberührt. Umso wichtiger sind Menschen, die bereit sind, sich für die letzte Wegstrecke als Begleiter zur Verfügung zu stellen.

Was kann Begleiten bedeuten?

- Begleiten *bedeutet nicht*: »Ich muss dir Anweisungen geben, ich muss dir Ratschläge erteilen, dir etwas ausreden oder einreden, etwas genau oder besser wissen. Ich muss für dich Entscheidungen treffen.«
- Begleiten *bedeutet* vielmehr: »Ich möchte an deiner Seite sein, dir nahe sein, da sein. Ich möchte mich mit meinen Gefühlen und Gedanken, mit meinen Gesten und Worten auf dich einstellen. Ich möchte mich von dir und deinem Schicksal leiten und berühren lassen.«

Es ist keine leichte Aufgabe, einen sterbenden Menschen zu begleiten! Die wichtigste *Voraussetzung* für eine gute Begleitung ist die Bereitschaft, sich zunächst mit der eigenen Sterblichkeit auseinanderzusetzen. Sich mit den eigenen Ängsten vor dem Sterben zu beschäftigen zieht ein größeres Verständnis für die Ängste anderer nach sich. Auch Gedanken um die eigenen Wünsche und Hoffnungen für den letzten Lebensabschnitt machen es leichter, sich den Fragen, Sorgen und Sehnsüchten sterbender Menschen zu öffnen. Die nachfolgenden Fragen mögen als kleine Anregung für Begleiter dienen, ihre Haltung zum eigenen Sterben zu überprüfen.

Fragen zur Überprüfung der eigenen Haltung

- Wie gehe ich mit Situationen um, die »einfach passieren«, die ich nicht beeinflussen und denen ich mich nicht entziehen kann? Welche Reaktionen kenne ich bei mir?
- Wie würde ich reagieren, wenn ich eine lebensbedrohende Krankheit hätte? Was würde ich mir von meiner Familie, von Freunden und Kollegen wünschen? Was würde mir helfen, was würde mich verletzen?
- Wie wäre es für mich, wenn ich mich nicht mehr selbstständig versorgen könnte, wenn ich pflegebedürftig wäre? Was könnte mir das Leben lebenswert machen?
- Wie viele Abschiede hat es in meinem Leben schon gegeben? Wie viele »kleine Tode« bin ich schon gestorben? Was hat mir in schwierigen Situationen geholfen? Welche Narben sind zurückgeblieben?
- Welchen Sinn hat das Leben für mich?
- Wäre ich bereit, jetzt – hier und heute – zu sterben? Was müsste ich noch erledigen, klären, richtigstellen – was ist noch offen? Wie wäre es für mich, vom Leben und allen geliebten Menschen Abschied nehmen zu müssen?
- Welche Wünsche habe ich für den letzten Lebensabschnitt? Wie stelle ich mir das Sterben und den Tod vor? Wie stelle ich mir ein »Danach« vor?

Die Beschäftigung mit diesen Fragen ist ein Stück Selbsterfahrung. Begleiter können sich so mit den eigenen Bewältigungsstrategien, aber auch mit den oft verborgenen Ängsten und Kränkungen auseinandersetzen. Es ist wichtig, alle Gefühle, Gedanken und Empfindungen zuzulassen – bevor man an ein Kranken- oder Sterbebett tritt. Manchmal ist auch ein Gespräch mit anderen hilfreich, in dem man über seine Stärken und Schwächen reden kann. Einen Sterbenden zu begleiten bedeutet nicht, keine Fragen, keine Ängste und keine Unsicherheiten mehr haben zu dürfen! Wohl aber bedeutet es, immer wieder aufs Neue bereit zu sein, sich den Fragen des Sterbens zu stellen, die letztlich Fragen des Lebens sind.

Die Begegnung mit einem Menschen am Ende seines Lebens löst bei vielen Menschen Unsicherheit, Angst und Hilflosigkeit aus. Die Aufgabe erscheint mit einem Mal zu groß, und die eigenen Fragen erscheinen zu drängend. Die Furcht, etwas falsch zu machen, führt häufig dazu, dass eine Begleitung gar nicht wahrgenommen wird – es erscheint leichter, sich abzuwenden und die Tür hinter sich zuzumachen, als sich auf das »Wagnis Sterbebegleitung« einzulassen.

Was kann helfen, den Weg zu ebnen, um ein Stück gelebter menschlicher Solidarität Wirklichkeit werden zu lassen? Hier sollen die wichtigsten Punkte angesprochen und als sogenanntes SOS-Modell (Specht-Tomann, M.) dargestellt werden.

Elemente einer guten Sterbebegleitung: das SOS-Modell

S: Situationsabklärung (Fakten)
O: Orientierung am Sterbeprozess (Wissen)
S: Soziale Kompetenz (Fertigkeiten)

S: Situationsabklärung

Zu Beginn jeder Begleitung sollten bestimmte »technische« Fragen im Sinn einer »Auftragsklärung« bedacht werden. Meistens sind das W-Fragen – etwa:

- Wer ist der Mensch, der begleitet wird?
- Wie ist seine gesundheitliche und seelische Lage?
- Wie ist seine soziale Situation?
- Wer ist in die Betreuung noch einbezogen?
- Welche Bedürfnisse bestehen seitens der Angehörigen?
- Wer hat die Begleitung gewünscht?
- Wie oft, wo und wann soll der Begleiter kommen?

Die Überlegungen sollten auch die Situation des Begleiters berücksichtigen. Auch hier sind W-Fragen hilfreich – etwa:

- Welche Motive habe ich, eine Begleitung zu übernehmen?
- Wer hat mich um die Begleitung gebeten?
- Wie viel Zeit habe ich zur Verfügung?
- Wie lange kann ich mir vorstellen, die Begleitung zu übernehmen?
- Was kann ich einbringen, welche Stärken habe ich?
- Wer kann mich bei Schwierigkeiten unterstützen?

Bei diesen Überlegungen ist grundsätzlich zwischen professionellen Begleitern – also Ärzten, Schwestern, Pflegern, Therapeuten u. a. – und ehrenamtlichen Personen bzw. Angehörigen zu unterscheiden. Während es im Fall einer professionellen Begleitung vergleichsweise einfach ist, seinen eigenen Standpunkt zu orten, fällt dies bei einer starken persönlichen Betroffenheit viel schwerer. Bei einer Begleitung durch Familienmitglieder oder andere dem Sterbenden eng verbundene Menschen ist eine Auftragsklärung im engeren Sinn nicht möglich. Umso wichtiger ist es jedoch, sich über die eigenen Motive, die eigenen Kapazitäten und vor allem das Zeitbudget Klarheit zu verschaffen.

O: Orientierung am Sterbeprozess

Jeder Mensch stirbt seinen eigenen Tod. Und jeder Mensch wird eine andere Form der Begleitung wünschen. Die große Bandbreite an möglichen Verhaltensweisen und Wünschen macht es dem einzelnen Begleiter schwer, sich auf »die« Sterbebegleitung einzustellen. Ob sich ein Mensch gut oder schlecht begleitet fühlt, das wird in allen Lebenslagen von der Bereitschaft beider Menschen abhängen, sich aufeinander einzulassen. Aufseiten des kranken oder sterbenden Menschen bedeutet dies, die angebotene Begleitung – in welcher Form auch immer – anzunehmen. Aufseiten des Begleiters heißt dies unter anderem auch, über jenen Weg Bescheid zu wissen, der im Hier und Jetzt beginnt und in ein unbekanntes Land führt. Das Wissen um die Stationen dieses Weges, die typischen Reaktionsweisen, die seelische Stimmungslage – dies alles kann wesentlich dazu beitragen, dass der Begleiter an der Seite des Menschen bleiben kann, auch wenn große Stolpersteine den Weg schwer passierbar machen. Das Wissen um den Sterbeprozess, aber auch um den Trauerprozess macht Begleiter sicherer und geduldiger. »Nein, nicht ich!«, »Warum ich?«, »Ja, aber ...«, »Ja, ich.« »Ich!«, das sind die Wegweiser auf einer oft langen und schwierigen Reise (vgl. Stationen des Sterbens, Seite 13 ff.).

S: Sozialkompetenz

In der Sterbebegleitung ist eine Reihe von sozialen Fertigkeiten und Fähigkeiten gefragt. Dazu zählen:

- *Annahme* der eigenen Person – ganz im Sinn des biblischen Wortes »Liebe dich selbst wie deinen Nächsten«. Das Gefühl des Begleiters, trotz mancher Schwächen und Unzulänglichkeiten prinzipiell »in Ordnung zu sein«, schafft oft die so entscheidende Atmosphäre des Grundvertrauens, die Nähe entstehen lässt.
- *Aufmerksame Wahrnehmung* und Bereitschaft, sich auf den sterbenden Menschen einzustellen. Die besondere Situation erfordert eine Wachheit der Sinne, ein Hinspüren, ein genaues Sehen und Hören, Spüren, Fühlen und Riechen. Augen, Nase, Ohren, Mund und Haut – alle Sinne sind gefordert! Sie geben Informationen und tragen dazu bei, dass »die Brücke zum Du« nicht abreißt.
- *Akzeptanz*, *Respekt* und *Wertschätzung* sollten als Grundhaltung in jedem Gespräch und in jeder Begegnung ein wichtiger Aspekt der Sterbebegleitung sein. Die eigene Meinung oder die eigenen Erfahrungen gehören nicht in den Mittelpunkt gestellt, sondern sollten erst dann eingebracht werden, wenn danach gefragt wird.

- Das *Verhalten* des Begleiters soll *authentisch* – echt – sein. Sterbende sind besonders sensibel für Ungereimtheiten zwischen Worten einerseits und Gesten andererseits. Eine ungeduldige Handbewegung, ein beiläufiges Achselzucken kann noch so freundliche Worte rasch verblassen lassen.
- Feinfühliges »*Hineinspüren*« – auch *Empathie* genannt – ist vor allem in jenen Situationen wichtig, in denen heikle Themen anklingen. Die Fähigkeit, sich an die Welt des anderen heranzutasten, kann zu einem wortlosen Einverständnis führen, einem inneren Mitschwingen, einem »Gleichklang der Seelen«.
- Jede Begleitung entwickelt ihre eigenen Gesetzmäßigkeiten und ihr eigenes Verhältnis zwischen wertvoller *Nähe* und notwendiger *Distanz*. Und so gilt es immer wieder aufs Neue herauszufinden, wie viel Nähe hilfreich und wie viel Distanz notwendig ist! Begleiter müssen sich auch abgrenzen können. Nur dann können sie auch auf unwegsamem Weggelände des Sterbeprozesses wirklich gute Begleiter sein.
- Die Fähigkeit, mit der *Zeit* gut umzugehen, ist ein weiterer wichtiger Aspekt einer guten Begleitung. Dabei geht es nicht ausschließlich um die Quantität – also wie lange man sich jemandem widmen kann. Es geht vielmehr um die Qualität der geschenkten Zeitspanne. Ein bewusster Umgang mit dem Faktor Zeit ist ein ganz wesentlicher Baustein für das Gelingen einer Begleitung. »Ich habe … Zeit«, »Ich nehme mir Zeit für …«, »Ich schenke dir Zeit« und »Ich lasse dir Zeit« signalisieren einen bewussten und respektvollen Umgang mit der Lebenszeit.

- *Gutes Zuhören* ist das Herzstück jeder guten Kommunikation. Jeder Begleiter sollte sich nicht so sehr im Reden als vielmehr im Zuhören üben. Und im Ertragen von *Schweigen.* In der »geteilten Stille« kann eine seelische Dichte entstehen, die Geborgenheit und Wärme ausstrahlt. Manchmal ist es auch hilfreich, das Gehörte mit eigenen Worten noch einmal zu wiederholen. Diese Form der Rückmeldung – man spricht auch von *aktivem Zuhören* – gibt dem Gesprächspartner die Chance, Korrekturen anzubringen. Ein »Über-dasselbe-Reden« wird so besser gelingen.
- Wenn die Wogen der Gefühle über dem Sterbenden zusammenzuschlagen drohen, wenn Zorn, Wut und Verzweiflung im Vordergrund stehen, wird den Begleitern viel abverlangt. Mit den vielfältigen negativen Reaktionen eines Menschen gut und nicht strafend umzugehen erfordert *Toleranz* – eine Kunst, die in der Sterbebegleitung nicht fehlen darf.

Doch wichtiger als ausgeklügelte Kommunikationsformen und komplizierte Techniken ist die Bereitschaft, die *seelischen Grundbedürfnisse* des sterbenden Menschen ernst zu nehmen. Diese Bedürfnisse verbinden Menschen untereinander – gesunde und kranke, junge und alte. Wir alle haben das Bedürfnis, ohne Wenn und Aber geliebt zu werden (*Bedürfnis nach Annahme*), möchten beachtet werden (*Bedürfnis nach Beachtung*), haben den Wunsch, unsere Umwelt zu erkunden (*Bedürfnis nach einem Lebensraum*), suchen nach einer Orientierung (*Bedürfnis nach Vorbildern*) und möchten irgendwo dazugehören (*Bedürfnis nach Einbezogensein in eine Gemeinschaft*). Die Beachtung dieser Grundbedürfnisse sollte die Basis jeder guten Sterbebegleitung sein. Und noch etwas darf nicht fehlen: die *Geduld*!

Und ich möchte Sie, so gut ich es kann,
bitten, lieber Herr, Geduld zu haben
gegen alles Ungelöste in Ihrem Herzen,
und zu versuchen, die Fragen selbst
lieb zu haben wie verschlossene Stuben
und wie Bücher, die in einer sehr fremden
Sprache geschrieben sind.
Forschen Sie jetzt nicht nach den Antworten,
die Ihnen nicht gegeben werden können,
weil Sie sie nicht leben könnten.
Und es handelt sich darum, alles zu leben.
Leben Sie jetzt die Fragen.
Vielleicht leben Sie dann allmählich,
ohne es zu merken, eines fernen Tages
in die Antwort hinein.

(Rilke, R. M.)

Sterbebegleitung

Die Konfrontation mit einem schweren Leiden und dem Tod stellt jeden Begleiter auf eine harte Probe und rührt an die eigenen Grenzen der Belastbarkeit. In der Sterbebegleitung ist es besonders wichtig, mit den eigenen Kräften sehr sorgsam hauszuhalten. Nur allzu leicht können sonst Stresssituationen auftauchen mit all ihren negativen Auswirkungen auf den Körper (»Alarmreaktionen«, wie Schlaflosigkeit, Appetitmangel, Müdigkeit, Herzprobleme u. Ä.), die Seele (belastende Gefühle), den Geist (negative Gedanken) und letztlich auf die Verhaltensweisen sich selbst, aber auch den Mitmenschen gegenüber. Wer sich permanent überfordert und überlastet, wird selbst zusammenbrechen, krank werden und auf Dauer nicht gut begleiten können. Jeder, der sich schon einmal so richtig ausgebrannt gefühlt hat, der weiß aus eigener Erfahrung nur allzu gut, wie schwer es einem dann fällt, aus der Erschöpfung herauszukommen und wieder aktiv zu werden. Es ist so wie bei einem ausgebrannten Haus: Erst wenn die Feuerwehr abgezogen ist, sieht man den tatsächlichen Schaden, den das Feuer angerichtet hat.

Doch selbst der idealste Helfer und die wunderbarste Begleiterin können sich nicht immer vor Alltagsstress und länger anhaltenden und belastenden Situationen schützen. Sie fühlen sich dann überfordert, müde und hilflos. Regelmäßiges Aufladen der eigenen Batterien, eine Besinnung auf Kraft spendende und ausgleichende Lebenselemente gehören daher zur unerlässlichen *Psychohygiene* in der Sterbebegleitung.

Kraftquellenorientiertes Helfen und *Begleiten* kann dann leichter gelingen, wenn Begleiter die sogenannten »zehn Gebote für eine gute Sterbebegleitung« bedenken:

Die unerlässlichen 10 Gebote für eine gute Sterbebegleitung

1. *»Ich muss mit mir selbst behutsam umgehen und auf die Grenzen meiner eigenen Belastbarkeit Rücksicht nehmen.«*
   Wer viel über die Wünsche und Bedürfnisse schwer kranker und sterbender Menschen weiß, der sollte auch für seinen Körper und Geist sorgen (Bedürfnis nach Ruhe, Schlaf, Entspannung, Abgrenzung usw.).

2. *»Ich nehme mir Zeit für dich, ich brauche aber auch Zeit für mich!«*
Eine ganz wesentliche Fähigkeit eines guten Begleiters liegt darin, dem Patienten das Gefühl zu geben, dass man sich für ihn und seine Anliegen Zeit nimmt. Dieses echte Gefühl des Angenommenwerdens kann jedoch nur dann entstehen, wenn man selbst gelernt hat, mit dem Thema Zeit behutsam umzugehen.
3. *»Auch ich bin sterblich, auch mein Leben geht eines Tages zu Ende.«*
Die Prozesse des Sterbens machen deutlich, dass auch wir selbst sterblich sind. Die Emotionen unserer Patienten rühren immer auch an die eigenen inneren Ängste. Die Frage nach dem Sinn des Lebens drängt sich auf. Wir selbst müssen uns tagtäglich diesen Lebensfragen stellen, ohne Verdrängen oder Verleugnen.
4. *»Ich nehme deine Wut, den Zorn und die Hass- und Schuldgefühle nicht persönlich!«*
Alle negativen Gefühle, die beim Sterbenden zum Ausbruch kommen, sollen nicht gewertet oder gar persönlich genommen werden. Wir müssen ihm die Möglichkeit geben, noch einmal »seine« Geschichte und seine unaufgearbeiteten Lebensabschnitte zu betrauern, aber auch zu beklagen.
5. *»Auch ich habe Gefühle und darf diese zeigen!«*
Wenn es angebracht und notwendig erscheint, dann dürfen auch die eigenen Gefühle zum Ausdruck gebracht werden – das zeichnet empathische, mitfühlende Begleiter aus. Allerdings dürfen diese Gefühle niemals überhandnehmen; es sollte ein Mitschwingen sein.

6. *»Ich darf meine eigenen Kraftquellen nicht versiegen lassen!«*
   Ein Begleiter sollte sich immer wieder neue »Tankstellen« (Tiere, Ausflüge in die Natur, Musik hören, ein gutes Buch lesen, Treffen mit Freunden, zum Friseur gehen …) zum seelischen Auftanken suchen, damit schwierige Begleitsituationen nicht zur persönlichen Überforderung führen.
7. *»Ich kann nicht immer alles allein machen!«*
   Gerade als pflegende Angehörige, aber auch als überforderte Begleiter sollten wir den Mut aufbringen, uns professionelle Hilfe von außen zu holen, etwa durch die Kontaktaufnahme mit der Hauskrankenpflege, einer Sozialstation oder dem Krankenhaus.
8. *»Ich darf meine Meinung sagen!«*
   Wenn es beispielsweise zu Spannungen oder gar Zerwürfnissen zwischen jenen Familienangehörigen kommt, die oft allein die Hauptlast der Verantwortung und Pflege tragen müssen, und jenen, die selten oder gar nicht helfen, sollte dies angesprochen werden. Stilles Erdulden und leidvolles Ausharren führen zu seelischen und körperlichen Erkrankungen des Begleiters. Schwerkranke und Sterbende brauchen belastbare Begleiter, die mit beiden Füßen fest auf dem Boden zu stehen vermögen.
9. *»Ich bin Begleiter, aber kein Arzt oder Therapeut!«*
   Es gibt in der Sterbebegleitung eine Trennlinie zwischen mitmenschlichem Handeln und medizinischen Maßnahmen. Auch langjährige Erfahrungen in der Begleitung ersetzen nicht gezielte medizinische oder therapeutische Eingriffe – dies gilt ganz besonders für den Bereich der Schmerztherapie.

10. *»Ich lerne viel für mein eigenes Leben!«*

Wer Abschiednehmen und Loslassen in sein eigenes Leben integriert, der hat die wesentlichste Botschaft verstanden, die uns Sterbende für unser eigenes Leben übermitteln möchten: »Lebe jeden Tag so, als wäre er dein letzter!« Wer jede schöne Stunde, jede Stimmung in der Natur bewusst wahrnehmen kann und bis zum Ende seines eigenen Lebens keine »Trauerberge« ansammelt, dem wird es leichterfallen, den eigenen allerletzten Weg in Gelassenheit zu gehen.

(Tropper, D.)

Sterbebegleitung ist Lebensbegleitung: Impulse für Begleiter

Der sterbende Mensch durchlebt auf seiner letzten Lebensstrecke viele Höhen und Tiefen. Vielleicht gibt es noch Dinge zu erledigen, letzte Wünsche auszusprechen … Vielleicht wäre es schön, noch einmal von den strahlenden Seiten des Lebens zu erzählen, von dem, was gelungen ist … Vielleicht ist es noch einmal wichtig, den Tränensee vergangener Trauer aufzusuchen, um wirklich Abschied zu nehmen …

Welche konkreten Wünsche und speziellen Bedürfnisse im Einzelnen in einer Begleitung auftauchen, kann man im Vorhinein nicht wissen. Soll aus einer Begleitung eine Begegnung werden, in der sich der sterbende Mensch angenommen und in seiner Einzigartigkeit wertgeschätzt weiß, muss der Begleiter sich für Unvorhergesehenes offen halten. Er muss bereit sein, sich auf das Wagnis einer Wanderschaft zu begeben, bei der nicht er der Bergführer sein wird! Zu Beginn einer Begleitung liegt vieles im Dunkeln und schafft Unsicherheit. Was wird auf den Begleiter zukommen?

Es gibt einige *zentrale Lebensthemen*, die sich wie ein roter Faden durch jede Begleitung ziehen. Sie können an allen Stationen des Sterbeweges auftreten – einmal heftig und drängend, dann wieder beinahe abgeklärt und ruhig:

- Jeder Sterbende lebt mit einer Reihe von *Ängsten.*

- Er wird sich die Frage nach dem *Sinn des Lebens* im Allgemeinen und seines Lebens im Besonderen stellen.
- Gedanken zum Thema *Schuld* oder vermeintliche Schuld tauchen häufig auf.
- Die Auseinandersetzung mit auch noch so kleinen *Hoffnungen* nimmt bei jedem Menschen viel Raum ein – so auch bei Sterbenden.
- Der Wunsch nach ehrlichen, wahrhaftigen Begegnungen lebt in jedem Sterbenden und kann dann als besonderer Auftrag für Begleiter werden, wenn es um die *Wahrhaftigkeit* am Sterbebett geht.

Wie können Begleiter auf diese zentralen Lebensfragen reagieren?

»Ich sehe deine Angst«

Angst, dieses Gefühl der Beklemmung und Bedrohung, gehört zum Leben. Sie erfasst den ganzen Menschen – seine körperlichen Reaktionen, sein seelisches Erleben und sein Denken. Angst engt ein, blockiert – macht aber auch deutlich, dass etwas zu ändern ist. Sie ist wichtiges Warnsignal und kann uns dazu bringen, unsere Situation zu überdenken. Sie kann ein Aufruf sein, eine Chance, einen neuen Weg einzuschlagen. Am Ende des Lebens kann der positive Aspekt der Angst selten gesehen werden. Fliehen ist nicht möglich, Standhalten kostet so viel Kraft, und eine Auseinandersetzung kann allein oft nicht bewältigt werden. Durch Krankheit ans Bett gefesselt, das Ende des eigenen Lebens vor Augen, empfinden die meisten Menschen Angst:

- Angst vor totaler Abhängigkeit,
- Angst vor Isolierung von allem, was bisher das Leben ausgemacht hat,
- Angst vor der großen Ungewissheit, was kommen wird,
- Angst vor der Endgültigkeit.

Begleiter können:

- die vielen offenen und versteckten Hinweise auf Angstzustände *wahrnehmen* und behutsam ansprechen;
- eine *Atmosphäre schaffen*, in der Angst ausgesprochen werden kann und nicht still im Inneren eines Menschen verborgen bleibt und zur Panik wird;
- die Möglichkeit geben, die *Angst* und ihre vielen Gesichter zu *benennen* und ihre Symptome zu beschreiben;
- durch gutes *Zuhören* und behutsames Fragen herausfinden, welche Angst besonders quälend ist, und darüber ins Gespräch kommen;
- selbst *ruhig bleiben* und sich von dem mächtigen Gefühl der Angst nicht anstecken lassen.

»Ich sehe deine Schuldgefühle«

Am Ende des Lebens, wenn nicht mehr viele Möglichkeiten des Handelns offen sind, können unerledigte Dinge besonders deutlich und klar vor Augen stehen. »Hätte ich nur …!«, »Könnte ich doch …!« – diese und ähnliche Formulierungen deuten das an. Meistens geht es um die vielen kleinen Versäumnisse, die im Laufe der Zeit passiert sind und sich im Inneren eines Menschen zu einem einzigen schweren Schuldgefühl verdichten. Manches kann vielleicht noch ausgeglichen werden, anderes bleibt und kann nur einer höheren Wandlung anvertraut werden.

Begleiter können:

- *Raum schaffen*, in dem Schuldgefühle an- und ausgesprochen werden dürfen;
- *Klagen* und Anklagen *aushalten*, ohne Partei zu ergreifen;
- gut zuhören und dem Menschen sagen, was man gehört hat (*aktives Zuhören*), sie sollten jedoch nichts einreden oder ausreden;
- *zuhören*, *ohne zu werten* oder zu verurteilen; was für den einen fast ein Verbrechen ist, kann für einen anderen eine Kleinigkeit sein;
- *geduldig* an der Seite des Menschen bleiben, der einen Ausweg aus dem Labyrinth seiner Schuldgefühle sucht – er muss den Ausweg selbst finden!

»Ich sehe deine Suche nach dem Sinn des Lebens«

Es gibt viele Lebensphasen, in denen sich die Frage nach dem Sinn unserer Existenz leicht beantworten lässt. Nicht so leicht ist dies am Ende des Lebens, wenn Schmerz zum alltäglichen Erleben gehört, wo Ängste plagen und Schuldgefühle sich quälend durch die Träume schleichen. Was gibt dem Leben eines schwer kranken, eines sterbenden Menschen Sinn?

Die Antwort auf diese Frage muss der betroffene Mensch selbst finden. Nur er allein kann aus der Fülle seiner gelebten Tage den Sinn seines Lebens – aber auch seines Leidens – erkennen und einen Zugang zu seinem Sterben finden.

Begleiter können:

- *Mut machen*, einen Blick auf das »Bilderbuch des Lebens« zu werfen und nachzusehen, was dem Leben alles Sinn gegeben hat;
- eine *Auseinandersetzung* mit den Höhen und Tiefen des Lebens zulassen und durch respektvolle Anteilnahme *unterstützen*;
- *Wertschätzung ausdrücken* und Interesse an der jeweils persönlichen Sinnfindung zeigen;
- *negative Reaktionen* wie Wut, Tränen, Trauer ... *zulassen*;
- Phasen der scheinbaren *Sinnlosigkeit* ohne Vertrösten *aushalten*.

»Ich sehe deinen Wunsch nach Wahrheit«

Verschweigen, Lügen, Nicht-Aussprechen – dies alles hat selten so wenig Platz wie am Kranken- oder Sterbebett. Und doch wird gerade in dieser Situation deutlich, wie weitreichend dieser Begriff ist. Da gibt es einmal die Wahrheit rund um die Diagnose (»Was habe ich?«) und die Prognose (»Welche Chancen habe ich?«). Zum anderen geht es um den täglichen Umgang zwischen Betreuern/Begleitern, Patienten und Angehörigen. »Die« Wahrheit wird es in den seltensten Fällen geben. Vielmehr ist darauf zu achten, wie viel ein Mensch hören kann und möchte, zu welcher Zeit und unter welchen Umständen. Die Wahrheit kann wie ein Mantel sein, den man einem Menschen anbietet. Hineinschlüpfen muss er selbst! Das kann Sicherheit geben und die Weichen für eine – wenn auch noch so kurze – Zukunft stellen. Lügen schaffen eine Scheinsicherheit, in der Schmerz und Verzweiflung nicht bearbeitet, sondern chronisch verschleppt werden. Lügen erschweren das Abschiednehmen und Loslassen.

Der Wunsch nach Wahrheit ist aber auch der Wunsch nach einem echten, unverstellten, ehrlichen Umgang in der täglichen Begleitung. Worte und Gesten, innere Haltung und sichtbares Verhalten müssen übereinstimmen, damit Begegnung wahrhaftig gelingen kann.

Begleiter können:

- *zurückhaltend sein* und sich an den Fragen des Patienten orientieren; er selbst soll bestimmen können, was, wann, wie viel und wie oft er über sich und seinen Zustand etwas hören möchte;
- *geduldig nachfragen*, was der Patient über seine Krankheit weiß, und nicht mit der Tür ins Haus fallen;
- *Gespräche führen* über die mitgeteilten Informationen, über die Vermutungen und alles, was den Patienten in diesem Zusammenhang beschäftigt;
- zwischen den Angehörigen und dem sterbenden Menschen *vermitteln* und Brücken bauen, wo »schonende Lügen« echte Begegnungen erschweren;
- selbst daran arbeiten, *Worte und Gesten* mit *Gefühlen und Gedanken in Einklang* zu bringen.

»Ich sehe deine Sehnsucht nach Hoffnung«

Hoffnung, dieses lebensbejahende Prinzip, lenkt die ganze Aufmerksamkeit eines Menschen auf die Zukunft und auf mögliche Veränderungen. Eine lebensbedrohende Erkrankung und das Herannahen des Todes werden oft als »Verlust an Zukunft« erlebt. Immer kleiner wird die Welt der Wünsche, immer enger jener Bereich, in dem Träume und Hoffnungen Wirklichkeit werden können. Doch ohne Hoffnung kann niemand leben – und so hoffen alle Menschen bis an ihr Lebensende. Um welche Wünsche und Hoffnungen es jeweils geht, das ist unterschiedlich und verändert sich im Lauf der Lebens- und Krankheitsgeschichte. Ist es beispielsweise zu Beginn einer Erkrankung noch die Hoffnung auf Heilung, kann es in den letzten Lebenstagen »nur« die Hoffnung sein, nicht allein sterben zu müssen.

Begleiter können:

- sich dem sterbenden Menschen *bewusst zuwenden*, auch und gerade dann, wenn keine Hoffnung auf Therapieerfolge besteht;
- sich selbst von dem Gedanken *lösen*, dass es im Angesicht des Todes »nichts zu hoffen« gibt;
- den schmalen Grat beschreiten, *realisierbare Hoffnungen* und Wünsche zu *unterstützen*, ohne unrealistische Hoffnungen zu wecken;
- die *Suche* nach »*kleinen Hoffnungen*« *unterstützen* – etwa die Hoffnung auf eine schmerzfreie Nacht, den Besuch eines lieben Freundes, die ersten Sonnenstrahlen an einem neuen Morgen …;
- an die vielen verschiedenen »*Hoffnungsbereiche*« denken: vom Körper über die Seele, den Geist, die Familie, die Umwelt bis hin zu Gott.

Neben diesen Möglichkeiten, auf wesentliche Lebensthemen einzugehen, gibt es zahlreiche phasenspezifische Begleitmöglichkeiten.

Phasenspezifische Begleitmöglichkeiten

Die fünf markanten Stationen auf dem Weg zum endgültigen Abschiednehmen und Loslassen heißen Ablehnung, Auflehnung, Verhandeln, Trauer und Annahme (vgl. Seite 13 ff.). Bis zu einem gewissen Grad teilen wir das, was wir beim Durchschreiten unseres letzten Lebensabschnittes erleben, mit allen anderen Menschen. Wie wir jedoch diese Wegstrecke zurücklegen und was wir daraus machen, bleibt der persönlichen Gestaltung überlassen. Und es hängt ganz wesentlich von jenen Fähigkeiten und Fertigkeiten ab, die wir uns im Laufe unseres Lebens erworben haben: den Idealen, Wertvorstellungen und Leitbildern, aber auch dem sozialen und familiären Umfeld, in dem wir lebten, und nicht zuletzt von unseren Jenseitsvorstellungen.

Wie können Menschen in den verschiedenen Stadien ihres Sterbeprozesses begleitet werden?

Anregungen für die Begleitung in der »Phase der Ablehnung«

Wenn der Schock so tief sitzt und die Verwirrung so groß ist, dass der Betroffene keine Sprache findet und starr und bewegungslos vor sich hinlebt, dabei auch jeden Kontakt verweigert, dann muss der *Begleiter aktiv* werden. Es ist wie bei einem zutiefst erschrockenen Reh, das auf einer Waldlichtung gemütlich äste und plötzlich in seiner Routine aufgestöbert und gestört wurde: In großen Sätzen flieht es in Panik vor dem vermeintlichen Feind. Ähnlich geht es Menschen in dieser Situation, die gerade eine schlimme Diagnose oder eine tragische Geschichte erfahren haben: Sie möchten am liebsten entfliehen und wünschen sich ganz weit weg. Sie verdrängen das Chaos ihrer Gefühle und empfinden alles als unwirklich und leer. Begleiter müssen auf diese Menschen zugehen und sollten sie auf keinen Fall allein lassen.

Weitere Impulse für eine gute Begleitung:

- Der Tagesrhythmus muss eingehalten werden: Frühstück, Mittagessen, für Getränke sorgen, auch wenn die Betroffenen nur kleine Bissen zu sich nehmen können. Aufstehen, Anziehen, Fortgehen, Ruhepausen ... das alles scheint in der auseinanderbrechenden Welt eines Patienten in der Phase der Ablehnung keine Bedeutung zu haben. Daher ist es wichtig, immer wieder darauf aufmerksam zu machen, und zwar unter dem Motto: »Jetzt ist Zeit für …«, »Jetzt wäre die richtige Zeit, um …«.

- Alltägliche Einkäufe und Besorgungen übernehmen und Menschen dort unterstützen, wo sie ausdrücklich Hilfe einfordern oder völlig überfordert sind – das heißt auf keinen Fall bevormunden, sondern nur Hilfestellung anbieten.
- Einfach da sein und dabei bleiben ohne Wenn und Aber.
- Die Gefühle des Verdrängens und Verleugnens zulassen, denn alles darf sein und hat seine Bedeutung.
- Solidarität leben durch Wärme, Mitgefühl und Verständnis.
- Nicht widersprechen, immer wieder Gesprächsbereitschaft signalisieren.
- Abwarten und zuhören können, statt selbst andauernd zu sprechen.
- Auf keinen Fall etwas ausreden wollen, sondern alles anhören, anstatt die eigene Meinung kundzutun.

Beispiel aus der Praxis: »Nein, nicht ich!«

Bezogen auf unser Beispiel zum ersten Stadium (vgl. Seite 16 ff.), in dem Frau W. die schlechte Diagnose durch ihren Hausarzt erfährt, ist Folgendes anzumerken:

- Die Patientin befand sich in einer Schocksituation. Sie hat die Diagnose weder begriffen noch kann sie sich in diesem Augenblick damit auseinandersetzen.
- Frau W. hätte nicht allein gelassen werden dürfen. Entweder ihr Mann oder ihre Freundin hätten informiert werden müssen, um sie abzuholen. Menschen im ersten Schock sind

oft nicht in der Lage, nach Hause zu finden oder sich gar zu orientieren.

Wie geht die Geschichte weiter, und wie verhielt sich die Freundin Rita?
Rita sieht ihre völlig verstörte und aufgelöste Freundin vor sich stehen. Sie holt sie vom Treppenflur in die Wohnung, zieht ihr den Mantel aus und legt ihren Arm um die Schulter von Frau W. Einige Male muss sie fragen, was denn passiert sei, ehe Frau W. in Tränen ausbricht und schluchzend vom Arztbesuch und der Diagnose erzählt. Immer wieder wird das Sprechen von heftigen Weinkrämpfen unterbrochen. Rita nimmt ihre Freundin in den Arm, später bettet sie sie auf das Sofa im Wohnzimmer und gibt ihr eine warme Decke. Auch ein Glas Wasser bietet sie ihr an und bereitet anschließend einen heißen Tee zu. In dieser Zeit spricht Rita keinen einzigen Satz. Sie hört genau zu und lässt ihre Hände sprechen, indem sie ihre Freundin immer wieder streichelt und berührt. Erst als sich Frau W. wieder beruhigt hat, ruft Rita den Gatten ihrer Freundin an, damit er sie abholen komme. Die Familie hat sich schon große Sorgen um den Verbleib von Frau W. gemacht.

(Tropper, D.)

Was lässt sich aus dieser Begleitung auch auf andere Situationen in der Schockphase übertragen?

In erster Linie geht es um Krisenintervention – das bedeutet:

- Beziehung herstellen (durch Berührung oder In-den-Arm-Nehmen).
- Die Situation erfassen (Wem ist was wann und wo geschehen; worum geht es eigentlich?).
- Linderung ersichtlicher Symptome. Hier geht es nicht um medizinische Maßnahmen, sondern um

einfache und klare Reaktionen seitens der Begleiter, etwa um das Bereitstellen eines Getränkes oder das Anbieten eines Stuhles oder eines Sofas, denn Menschen im Stadium des Schocks und der Ablehnung sind verwirrt und benommen, sie frösteln häufig und haben oft Kreislaufprobleme.

- Knüpfen eines sozialen Netzes (Freunde, Familienangehörige oder Bekannte anrufen und über die akute Situation informieren).
- Lösung des Problems. Erst ganz zum Schluss darf man sich Gedanken darüber machen, wie es beispielsweise mit Frau W. weitergehen könnte und wo man ihr wie und wann auch ganz konkret helfen kann.

Anregungen für die Begleitung in der »Phase der Auflehnung«

Irgendwann lösen sich die Starre und Empfindungslosigkeit auf, und dann bahnen sich Gefühle wie Angst, Schmerz, Leid, Wut, Zorn, aber auch die Traurigkeit ihren Weg nach außen. Die Frage nach dem »Warum ich?« wird zur verzweifelten Anklage gegen alles Lebende und Lebendige. Geduldige Begleiter wissen längst, dass es auf die Fragen nach dem »Warum?« keine wirklich befriedigenden Antworten gibt. Auch ein Vertrösten auf ein »Es wird schon alles wieder besser werden« entfacht einen nur noch größeren Flächenbrand aus Wut und Zorn. All diese negativen Emotionen müssen sich ihren Weg nach außen bahnen und dürfen nicht als verkapselte Emotionen im Inneren eines Menschen stecken bleiben. Oft werden Menschen, die sich gerade zufällig in der Nähe eines solchen Patienten aufhalten, zum Sündenbock für verfehlte und vergangene Zeiten. An ihnen entlädt der Sterbende seine noch vorhandene Energie im Angesicht des nahenden Todes. »*Blitzableiter*« sind Begleiter in diesen Situationen, und sie müssen lernen, alle negativen Gefühlsregungen, Zornausbrüche, Flüche, Beschimpfungen und Schuldzuweisungen nicht persönlich zu nehmen.

Weitere Impulse für eine gute Begleitung:

- Trotz aller Beschimpfungen und geäußerten Hassgefühle Verständnis signalisieren.
- Den Patienten nicht allein lassen, Nähe und Zuneigung spüren lassen.
- Wünsche wahrnehmen und sachliche Gespräche über vorhandene Bedürfnisse führen.
- Aktiv zuhören und Gesagtes ernst, aber niemals persönlich nehmen.
- Negative Gefühlsregungen nicht (be)werten oder gar verurteilen.
- Sich niemals in den Problemen des Patienten verfangen, sondern deutlich abgrenzen.
- Probleme und Sorgen aussprechen lassen.
- Schuldgefühle weder ausreden noch bekräftigen, sondern so stehen lassen, wie sie vom Patienten kommen und von ihm gesehen werden.
- Erinnerungen an schöne, gute Zeiten wecken und konkrete Anregungen geben wie Tagebuch schreiben, Malen, Musik hören usw.
- Eigene Trauererfahrungen oder die eigene Trauergeschichte zurückhalten – nur auf Anfrage des Patienten darüber reden.
- Keine Interpretationen des Gesagten und keine wertenden Stellungnahmen.

Beispiel aus der Praxis: »Warum ich?«

Bezogen auf das Beispiel zum zweiten Stadium (vgl. Seite 19 f.), in dem Herr K. Opfer eines schweren Verkehrsunfalls in Zusammenhang mit einem LKW wird, ist Folgendes anzumerken: Nahestehende Verwandte und Partner sind in dieser schwierigen Phase der Emotionen kaum eine echte Hilfe für den Patienten, weil sie selbst sehr betroffen über die Situation sind und oft noch selbst verdrängen und verleugnen oder sich in tiefer Depression befinden. Ähnlich ist es auch bei diesem Ehepaar, und wenn Frau Ilse am Bett ihres schwerstverletzten Mannes sitzt, dann gehen ihr viele Gedanken durch den Kopf:

- Was wird sein, wenn er aus dem Krankenhaus entlassen wird, und wie werde ich die Pflege jemals schaffen?
- Wenn ich an die vielen Arbeiten zu Hause und im Wochenendhäuschen denke, die er nun nicht mehr zu Ende bringen kann, werde ich wütend!
- Schade um den schönen Urlaub, ich habe mich schon so auf Ägypten gefreut!
- Warum musste er auch ausgerechnet am Freitag zum Bauernmarkt fahren, ich wollte doch kein Gemüse und auch keinen Salat!
- Ich halte dieses Schimpfen und Nörgeln nicht mehr aus!
- Manchmal möchte ich, dass er stirbt, wenn er es doch will!
- Was wird aus mir werden?
- Ich habe Kreuzschmerzen vom vielen Sitzen hier am Bett.
- Ich kann dieses Krankenhaus und dieses Krankenzimmer nicht mehr ertragen!
- Ach, wenn doch alles nur schon ein Ende hätte!
- Lieber Gott, ich will auch sterben! …

Auch die Ärztin der Abteilung findet keinen Zugang zu Herrn K. und seinen Problemen; sie wird von ihm für sein entwürdigendes »Noch-am-Leben-Sein« verantwortlich gemacht.

Anders gestaltet sich jedoch die Situation für Außenstehende, die nicht persönlich in dieses Karussell der Gefühle eingebunden sind und daher objektiver und klarer Dinge und Möglichkeiten ansprechen können. Sie können mit den körperlichen und seelischen Reaktionen wie Reizbarkeit, Apathie, manchmal auch Depression, Appetitmangel und Schlafstörungen des Patienten besser umgehen und fühlen sich für sein Wohlbefinden nicht in dem Maße verantwortlich wie engste Familienangehörige. In unserer Geschichte zeigt sich auch, dass es eine ausgebildete Krankenpflegerin ist, die Zugang zu Herrn K. und seinem Leiden findet. Schwester Magdalena versorgt in der Nacht die Patienten der Abteilung und fühlt sich zu diesem Patienten besonders hingezogen, da er sie an ihren Vater erinnert, der bereits vor Jahren verstorben ist.
Die junge Schwester nimmt sich Zeit für diesen Patienten. Wenn er schreit und sie auffordert, ihm doch eine Todesspritze zu geben, damit endlich alles vorüber sei, da das Leben ja ohnedies sinnlos ist, setzt sie sich ans Bett und nimmt seine noch gesunde Hand. Vorsichtig berührt sie seine Finger und wartet seine Reaktion ab, ob ihm das denn überhaupt recht ist. Sie spricht kaum, sie hört dafür genau zu und beobachtet seine Augen und die Sprache seines Gesichtes. Ihr kann Herr K. seine ganze Verzweiflung mitteilen, die Sorge um seine Frau, den Hass auf den jungen LKW-Fahrer, die Trauer um jene Dinge, die er nun nicht mehr erledigen kann. Schwester Magdalena fragt ihn, welcher Wunsch ihm im Augenblick am wichtigsten ist. Herr K. braucht sehr lange, bis er es aussprechen kann: ein Testament machen. Immer habe er dies auf später aufgeschoben, aber nun sei es längst an der Zeit, und dieser Umstand würde ihn sehr belasten. Die Krankenpflegerin nimmt sich Zeit und notiert seine Wünsche. Ein paar Tage später liest sie ihm diese Wünsche nochmals vor und fragt, ob sie noch immer Gültigkeit hätten. An einem Abend veranlasst sie, dass der Seelsorger und die Pflegedienstleiterin anwesend sind, um Herrn K.s letzte Wün-

sche zu beglaubigen. Drei Wochen später stirbt er – im Nachtdienst von Schwester Magdalena. Seine Gattin Ilse macht dem Krankenhaus, aber noch viel mehr sich selbst große Vorwürfe, dass sie nicht dabei sein konnte. Später gelingt es jedoch, Frau Ilse dazu zu bewegen, sich der Gruppe für trauernde Angehörige anzuschließen. Heute – sechs Jahre nach dem Tod ihres Mannes – kommt sie gerne ins Krankenhaus und begleitet dort ehrenamtlich Angehörige und Patienten.

(Tropper, D.)

Was lässt sich aus dieser Begleitung auch auf andere Situationen in der Phase der Auflehnung übertragen?

Wichtig ist, einfach da zu sein und die sogenannten »fünf A« zu beachten, die in solchen Situationen von wesentlicher Bedeutung sind und die man sich leicht merken kann:

1. *A*ktives Zuhören,
2. *A*bgrenzung von belastenden Schuldzuweisungen,
3. *A*nnahme des Patienten in seiner Würde und Einmaligkeit,
4. *A*kzeptanz aller negativen Reaktionsweisen,
5. *A*bwarten, was der Sterbende wirklich meint oder will.

Anregungen für die Begleitung in der »Phase des Verhandelns«

In jedem Menschen schlummert der Wunsch, »sein« Haus und »seinen« Acker wohlbestellt zu hinterlassen und unerledigte Dinge in Ordnung zu bringen. Manchmal bleibt für diesen letzten Akt jedoch wenig Zeit, und Patienten entwickeln atemberaubende Verhandlungsstrategien, um ihr Ziel zu erreichen. Menschen würden alles in die Waagschale werfen, wenn auf der anderen Seite eine Verlängerung ihres Lebens möglich wäre. Begleiter haben in diesem Stadium zwar sehr oft den Eindruck, als würden die Patienten der Realität ins Gesicht blicken, als würden sie um den Ernst ihrer Situation Bescheid wissen. Patienten schöpfen Hoffnung, indem sie »nach oben« – also in Richtung »Gott, Jesus, Maria, aller Heiligen und Engel« verhandeln, aber auch »nach unten«, also Angehörige oder das Pflegepersonal in ihre Strategien miteinbeziehen. Aus störrischen und schwierigen Patienten werden plötzlich über Nacht lammfromme und brave Menschen, die nur noch einen einzigen Wunsch haben, etwa:

- morgen nach Hause gehen zu dürfen,
- die Hochzeit des Sohnes noch zu erleben,
- die Geburtstagsfeier des Partners vorzubereiten,
- sich von jemandem noch zu verabschieden.

Im Krankenhaus nehmen sie dann alle Therapien auf sich und scheinen »geläutert«, doch kaum konnten sie eine Sache erfolgreich zu Ende bringen, verhandeln sie bereits um die nächste »Möglichkeit«, den Wettlauf mit dem Tod doch noch zu gewinnen. In dieser Situation benötigen Begleiter größtes *Fingerspitzengefühl*, um ihre Patienten einerseits vor unrealistischen Hoffnungen zu bewahren und ihnen andererseits nicht den letzten Funken Hoffnung gänzlich zu nehmen. In dieser Zeit sind Schwerkranke und Sterbende auch sehr empfänglich für Scharlatanerie und Geschäftemacherei, denn insgeheim hoffen sie noch, dem Tod das berühmte Schnippchen zu schlagen. In der Begleitung geht es häufig um die schwer zu beantwortenden Fragen, was einem Menschen noch guttut: Was kann die schulmedizinische Therapie sinnvoll unterstützen und was ist bloß zum Fenster hinausgeworfenes Geld? Leider werden mit der Angst vieler Menschen vor dem nahenden Tod auch Geschäfte gemacht!

Weitere Impulse für eine gute Begleitung:

- Geduld und nochmals Geduld.
- Neutraler Zuhörer sein.
- Sensibel sein für den Umbruch der Stimmungslage der Patienten: positive Stimmungen heben, ohne unrealistische Hoffnungen zu wecken.
- Alles Gesagte ernst nehmen, nichts belächeln.
- Alternative Wege in der Behandlung dort unterstützen, wo sie hilfreich sind.
- Hilfestellung bei ungelösten Problemen.
- Ein offenes Ohr für die Sorgen und Ängste haben.
- Körperkontakt.
- Tränen und Trauer zulassen.
- Verhandlungsstrategien und Wortbrüchigkeit nicht belächeln oder bewerten.
- Keine oberflächlichen Versuche des Vertröstens oder Ablenkens.

Beispiel aus der Praxis: »Ja, aber …«

Bezogen auf unser Beispiel zum dritten Stadium (vgl. Seite 21 ff.), in dem sich die Bäuerin Frau S. nach starken Bauchschmerzen plötzlich mit der Diagnose Leberzirrhose konfrontiert sieht, bedeutet dies, Verständnis für die Situation dieser Frau aufzubringen. Sie war es Zeit ihres Lebens gewohnt, immer fleißig und schwer zu arbeiten. Plötzlich muss sie Hilfe annehmen und spürt instinktiv, dass ihre Erkrankung sehr schwer ist. Als gläubige Christin betet sie zu Gott und zur Jungfrau Maria, damit sich alles doch noch zum Guten wende. Die ständige Schwäche und der körperliche Verfall jedoch verdrängen die Gedanken des Wieder-gesund-Werdens. Daher wendet sich die verzweifelte Frau an eine höhere Instanz, um wenigstens Weihnachten noch erleben zu können. Sie will ja ihrer Nichte die Puppe schenken! Weihnachten bedeutet für sie mehr als 50 gelebte Jahre der Erinnerung an Lichterglanz und Tannenduft, Bratäpfel, Geschenke, das Lesen aus der Bibel, Glückseligkeit …

Die kleine Maria weiß nichts über Krankheitsstadien und Phasen des Sterbens, aber sie spürt ganz genau, dass es ihrer Tante nicht gut geht. Liebevoll und zärtlich schmiegt sich der kleine Kinderkörper an Frau S. Nach einer langen Zeit der Stille fragt die Kleine: »Du, Tante, der Himmelvater blutet ja da oben. Können wir ihn nicht vom Kreuz nehmen und in ein Tuch wickeln? Es muss ihm ja auch kalt sein, bestimmt friert er!« Frau S. sagt – eher zu sich selbst als zu Maria: »Jeder muss sein Kreuz tragen, auch ich. Aber ich bin zuversichtlich, dass er mir hilft, wenn es mir ganz schlecht geht und ich nicht mehr weiterkann.« Das kleine Mädchen schüttelt den Kopf und sagt: »Tante, dann hast du ja mich! Ich bleibe bei dir!« Sie legt zärtlich ihre kleinen Hände um den Hals von Frau S. und kuschelt sich noch fester an sie. Beide fallen in eine Wiegebewegung, und in diesem Hin und Her singt Frau S. ein Kinderlied aus alten Zeiten, das vielleicht ihre Großmutter schon gesungen hat: »Komm, lieber Mai, und mach die Bäume wieder grün! Komm, lieber Mai, und lass uns an dem Bache die kleinen Veilchen blühn! Wie möcht' ich doch so gerne ein Veilchen wieder sehen, ach, lieber Mai, wie gern einmal spazieren gehen!«

(Tropper, D.)

Was lässt sich aus dieser Begleitung auch auf andere Situationen in der Phase des Verhandelns übertragen?

In erster Linie geht es darum, Hoffnungen zu lassen, ohne selbst unrealistische Hoffnungen zu wecken. Und: Das, was dieses Kind in seiner Begleiterrolle »getan« hat, sollten auch wir Erwachsenen beherzigen:

- Still dabei bleiben und zuhören.
- Das Klagen, Jammern und auch das Suchen nach neuen Möglichkeiten aushalten.
- Die Trauer zulassen.
- *Geborgenheit* vermitteln durch Körperkontakt und Nähe.
- Nicht alles unbedingt immer mit dem Verstand begreifen müssen.

Anregungen für die Begleitung in der »Phase der Trauer«

Wenn der Patient auf seiner Reise durch die unterschiedlichen Landschaften seiner persönlichen Trauer wahrhaben muss, dass all das Hoffen und Beten, Wünschen und Kämpfen, Verhandeln und Ausharren nicht den so ersehnten Heilungserfolg bringen, dann setzt eine tiefe Traurigkeit ein. Dabei handelt es sich zum einen um eine Art von Niedergeschlagenheit und Resignation angesichts der Tatsache, dass das eigene Leben sich langsam dem Ende zuneigt. So viele Versäumnisse, vertane Möglichkeiten und scheinbar unnütz und unbewusst gelebte Zeit bedrücken den Menschen. In diesem Stadium wird dem Sterbenden bewusst, dass es für nichts eine zweite Chance gibt. Diese Gedanken kreisen im Kopf des Patienten und verursachen einen Strudel der Gefühle, der in eine tiefe Depression führt. Plötzlich wird dem Sterbenden klar, dass er alles zurücklassen muss: die geliebten Angehörigen und alle weltlichen Werte, letztlich alles, was seinem Leben einen Sinn verlieh. Am schmerzhaftesten wohl ist der unabdingbare Abschied von den liebsten Menschen im Leben. Dazu gesellt sich auch oft Angst vor dem Neuen, dem Jenseits und Angst vor den Schmerzen im Sterben. Sterbende spüren dann einen tiefen Tränensee in ihrem Inneren, und je nach Naturell und Persönlichkeit bringen sie ihre Tränen zum Fließen oder ziehen sich ganz in sich selbst zurück und werden schweigsam, ja sogar unzugänglich und abweisend.

Die Gefahr in der Begleitung von Menschen in diesem Stadium der Trauer liegt darin, dass angesichts der schwindenden Hoffnungen auch die Begleiter in eine tiefe Traurigkeit bis hin zur Depression abrutschen. Deshalb ist es so wichtig, sich der eigenen Verlust- und Abschiedserlebnisse sowie aller damit verbundenen Gefühle bewusst zu sein. Dabei ist es wieder notwendig, sich bei größtem Verständnis für die ausweglose Situation des Patienten abzugrenzen und offen zu bleiben für die Bedürfnisse nach Unterstützung und Angenommensein des Sterbenden. Auf einen kurzen Merksatz gebracht bedeutet diese Kunst der einfühlsamen Begleitung: *eine Balance finden zwischen liebevollem Gefühl, Zuwendung, empathischem Begleiten und der notwendigen Distanz und Abgrenzung*.

Weitere Impulse für eine gute Begleitung:

- Tränen und Trauer zulassen.
- Zeit schenken.

- Letzte Wünsche festhalten und dafür sorgen, dass sie auch tatsächlich noch erfüllt werden.
- Gespräche anbieten und Schweigen aushalten.
- Körperkontakt und Nähe.
- Da-Sein und Berührung.
- Niemals vertrösten oder ablenken.
- Zuhören.
- Keine Bewertung der Lebensbilanz eines Menschen, egal wie kurz oder lang sein Leben war und wie heftig oder geschönt diese ausfällt.
- Akzeptieren, dass jeder Mensch seine eigenen Vorstellungen etwa vom Begräbnis oder vom Abschiednehmen hat und dass Normen oder Regeln hier keine Gültigkeit haben sollten.

Beispiel aus der Praxis: »Ja, ich.«

Auf unsere Geschichte zum vierten Stadium (vgl. Seite 24 f.) bezogen, in der sich die erst 17-jährige Isabella auf einer Palliativstation genau in diesem Zustand der Depression befindet, bedeutet Begleitung in erster Linie, den großen und tiefen Abschiedsschmerz zu akzeptieren und den Patienten vor allem die Möglichkeit zu geben, über ihre Ängste und Gefühle zu sprechen – durch stilles *Mit-Sein* und vor allem durch *Geduld.*
Die junge Krankenschwester hat in diesem Augenblick der Verzweiflung bei Isabella genau das Richtige getan: Sie hat ihre Betroffenheit nicht verschleiert oder hinter Worthülsen versteckt; sie hat ehrlich geantwortet, dass sie auch nicht alles weiß, und sie hat gefragt, ob die Patientin ein Gespräch mit dem Pastoralassistenten führen möchte. Dieser verbrachte eine knappe halbe Stunde bei der jungen Frau. Er hielt ihre Hand fest in der seinen, während Isabella ihm unter Tränen erzählte, wie groß ihre Sehnsucht sei, ihren richtigen Vater kennenzulernen, um sich von ihm zu verabschieden. Ein Kennenlernen und

eine persönliche Verabschiedung waren jedoch nicht zu organisieren, da Isabellas Mutter nicht wusste, ob der Vater ihrer Tochter noch am Leben war und wenn ja, wo er sich befand.
Der Pastoralassistent regte das Mädchen an, einen Brief an ihren Vater zu schreiben, in dem sie ihm mitteilen konnte, was ihr wichtig war, was sie sich und ihm wünschte. Drei Tage lang – immer wieder nur in kurzen Intervallen und begleitet von Wolfgang T. – schrieb sich die Patientin ihren Kummer von der Seele. Dann verschlechterte sich ihr Gesundheitszustand zusehends und sie war nicht mehr in der Lage, sich im Bett aufzusetzen. Sie übergab – stellvertretend für ihren Vater – dem Pastoralassistenten den Brief mit der Bitte, ihn aufzubewahren. »Wenn ich dann tot bin, dürfen Sie ihn lesen!«, sagte sie mit klarer Stimme dem tief betroffenen jungen Seelsorger.
Wenige Tage später verstarb Isabella und Wolfgang T. befolgte ihren letzten Wunsch und öffnete den Umschlag. Darin befand sich ein erschütterndes und zugleich sehr versöhnliches Dokument kindlicher Liebe zu einem Vater, den es nie gab. Sie schrieb, wie sehr er ihr in den vielen Jahren gefehlt hätte, denn schon im Kindergarten hätten alle Kinder einen Papa gehabt, der sie manchmal auch abgeholt hätte. In ihren Träumen war er ein schöner großer Mann, der einem interessanten Beruf nachging (ihren Gymnasiumsfreundinnen hatte sie erzählt, ihr Vater sei Bauingenieur in Saudi-Arabien und daher nie zu Hause). Sie war ihm auch nicht böse, dass sie einander nie kennengelernt hatten; sie bedauerte es nur, dass ihre Mutter dadurch so viele Entbehrungen auf sich nehmen musste.
Wolfgang T. half Frau M. bei der Organisation des Begräbnisses und hielt auch eine sehr berührende Abschiedsrede. Isabellas Brief legte er bei der Verabschiedung am offenen Grab mit einem großen Strauß Lilien auf den Sarg. Frau M. begleitete der Theologe durch ihre Phasen der Trauer.

(Tropper, D.)

Was lässt sich aus dieser Begleitung auch auf andere Situationen in der Phase der Trauer übertragen?

Oft geht es um konkrete Hilfestellungen bei Dingen, die noch erledigt werden können, aber auch darum, mit der Trauer des Sterbenden gut umgehen zu können:

- Verzweiflung der Sterbenden aushalten und nicht ablenken.
- Tränen zulassen.
- Stille Zuwendung und sanfte Berührung.
- Unterstützung anbieten für Bemühungen, Unerledigtes noch zu regeln.
- Bereitschaft, Berichten über die »dunklen Flecken« der Lebensgeschichte zuzuhören.

Anregungen für die Begleitung in der »Phase der Annahme«

Jedes Hoffen und Aufbegehren, aber auch jeder Kampf und jedes Wünschen finden irgendwann einmal ein Ende. Bei manchen Sterbenden kann man dann einen beinahe friedlichen Zustand der Erschöpfung und des Loslassens beobachten. Andere wiederum müssen bis zum letzten Atemzug um ihr Leben kämpfen und können nicht so einfach in das ihnen aufgezwungene Schicksal einwilligen. Bei schweren Leiden und bösartigen Erkrankungen oder furchtbaren Unfällen wird der Tod oft als Erleichterung und Erlösung empfunden – nicht nur von den Angehörigen. In der Begleitung ist es allerdings sehr schwer, zwischen Resignation und echter Annahme zu unterscheiden, denn in den letzten Tagen, Stunden und Minuten verwischen sich die Konturen des gezeichneten Lebens im Angesicht des nicht aufzuhaltenden Todes.

Wenn Menschen ihre letzte Station des Lebensweges erreicht haben, ist es wichtig, sie nicht abzuschieben oder von der Welt der Lebenden auszusondern, sondern sie möglichst lange teilhaben zu lassen an dem pulsierenden, lebendigen Leben, das auch nach ihrem Tode weitergehen wird. Sicherheit und Geborgenheit können nur durch mitmenschlich gelebte *Solidarität mit den Sterbenden* vermittelt werden.

Was können wir auf diesem letzten Lebensabschnitt für Patienten tun?

- Da sein und dabei bleiben, auch wenn das Sterben des geliebten Menschen sich nicht einfach vollzieht und mit Kämpfen und Krämpfen verbunden ist.
- Zeit schenken und uns selbst immer wieder vor Augen halten, dass auch wir sterblich sind.
- Den inneren und äußeren Rückzug des Patienten akzeptieren. Wenn alle sozialen und gesellschaftlichen Bindungen und Rollen ihre Bedeutung verlieren, dann muss man das »Entrinnen« ins Schneckenhaus und den totalen Schritt nach innen ohne Verurteilungen bejahen.
- Bezugspersonen und nahestehende Angehörige in die Pflege und Begleitung miteinbeziehen. Kinder und Jugendliche vom Kreislauf des Lebens und Sterbens nicht aussperren.
- Letzte Wünsche, wie den Ruf nach einem Priester oder einem geliebten Menschen, erfüllen, wenn dies möglich ist.
- Für Ruhe sorgen trotz der eigenen Teilnahme an den notwendigen Lebensprozessen, den Anforderungen der Jahreszeiten und den Bedürfnissen der Familie. Sterbende in dieser letzten Phase sind äußerst sensibel für alle Störungen und Veränderungen.

Beispiel aus der Praxis: »Ja!«

Kehren wir zurück zum Beispiel des 90-jährigen Herrn W. (vgl. Seite 26 ff.). Die letzten zehn Jahre waren wohl manchmal sehr mühsam geworden, wenn der alte Herr so verwirrt war, dass er sich die Hände im Toilettenbecken wusch oder unbedingt Elsbeths Ringelsocken anziehen wollte, die ihm viel zu klein waren. Ungefähr zur selben Zeit, als der Vater ins Haus kam, wurde Elsbeth geboren. Ihre Mutter Sonja bewohnte mit ihrem Lebensgefährten das obere Stockwerk. Der alte Mann und seine Urenkelin wurden in den Jahren unzertrennliche Freunde. »Ich glaube, sie ist die Einzige, die ihn wirklich versteht und immer weiß, was er gerade will oder meint«, denkt sich seine Tochter. Unausgesprochen meint sie: »Eigentlich habe ich dich sehr, sehr lieb, Vater – trotz allem, was nicht so gut zwischen uns gelaufen ist.«

Der alte Mann hat bereits eine embryonale Stellung eingenommen und vegetiert scheinbar vor sich hin, ohne am pulsierenden Leben teilzunehmen. Seine Tochter beugt sich zu seinem Kopf, streicht ihm vorsichtig die weiße Haarsträhne aus dem Gesicht und sagt mit klarer lauter Stimme: »Papa, ich habe dich sehr lieb!« Da huscht ein Lächeln über das zerknitterte Gesicht des alten Mannes. Sein Atem wird ruhiger und entspannter. Noch am selben Nachmittag verstirbt Herr W. Seine Tochter und die Urenkelin Elsbeth sind bei ihm.

(Tropper, D.)

Was lässt sich aus dieser Begleitung auch auf andere Situationen in der Phase der Annahme übertragen?

Im Wesentlichen geht es darum, den Rückzug des sterbenden Menschen zu akzeptieren. Dabei ist zu beachten:

- Zärtliche Berührungen und Stimulationen wie streicheln, Haare bürsten, Füße massieren, Düfte einsetzen. Dies bewirkt ein Wohlbefinden auch bei allen Patienten, die sich eingeigelt und ganz aus unserer Welt verabschiedet haben.
- Bislang *Ungesagtes aussprechen*! Auch wenn wir glauben, der Patient höre und sehe nichts mehr, so wirkt die Kraft der versöhnlichen und liebevollen Worte auf ganz besondere Weise.
- Kinder – und seien sie noch so klein – nicht von den Prozessen des Sterbens ausschließen, weil wir sie »schonen« wollen. Sie werden uns später große Vorwürfe machen und vielleicht sogar langwierige Trauerprozesse in ihren Herzen tragen, wenn sie vom geliebten Großvater oder ihrer Oma nicht Abschied nehmen durften.
- Zu Hause zu sterben ermöglichen. Überall, wo dies nicht geht, das Zuhause durch Geborgenheit und Zuwendung ersetzen.

Abschließend wollen wir noch darauf hinweisen, dass die einzelnen Stationen des Sterbens unterschiedlich ausgeprägt und von der Persönlichkeit der Patienten gestaltet sind. Erlebnisformen und Verhaltensmuster sind von Mensch zu Mensch verschieden. Tatsache aber ist, dass jede dieser Phasen mehrmals durchlaufen werden muss, bis das endgültige Abschiednehmen und Loslassen einsetzen kann und darf.

Herbsttag

HERR: Es ist Zeit. Der Sommer war groß.
Leg deinen Schatten auf die Sonnenuhren,
und auf den Fluren lass die Winde los.

Befiehl den letzten Früchten, voll zu sein;
gib ihnen noch zwei südlichere Tage,
dränge sie zur Vollendung hin und jage –
die letzte Süße in den schweren Wein.

Wer jetzt kein Haus hat, baut sich keines mehr.
Wer jetzt allein ist, wird es lange bleiben,
wird wachen, lesen, lange Briefe schreiben
und wird in den Alleen hin und her
unruhig wandern, wenn die Blätter treiben.

(Rilke, R. M.)

... und wenn sie gestorben sind

Nach Eintritt des Todes brechen meist Hektik und Unruhe aus. Schmerz, Tränen und Hilflosigkeit greifen um sich. In dieser Situation können Begleiter viel dazu beitragen, Panik zu verhindern und einen würdigen Umgang mit dem Verstorbenen zu ermöglichen.

Wichtig ist unter anderem:

- Schaffen einer Atmosphäre des Respekts und der Ruhe,
- Angehörigen und Freunden ausreichend Zeit geben,
- Kerzen anzünden,
- Musik,
- gemeinsam beten,
- Gebete, Gedichte, Textstellen ... bereithalten,
- Blumen aufstellen,
- ein Abschiedsfoto machen,
- Kleider in Erinnerung an den Verstorbenen aussuchen lassen,

- das letzte Waschen zu einem Akt der Nächstenliebe werden lassen,
- Angehörigen Mut machen, letzte Worte zu sprechen und bewusst Abschied zu nehmen.

Auch für die erste Zeit nach dem Tod eines Menschen sind Angehörige meist sehr dankbar für Unterstützung. In erster Linie geht es um:

- Hilfestellung bei den organisatorischen Tätigkeiten,
- Information über notwendige Formalitäten,
- Hinweis auf Bücher, Broschüren …,
- Angebot einer Trauerbegleitung.

Mit dem letzten Atemzug beendet ein Mensch seinen Lebensweg. Für ihn hat sich ein Tor geschlossen, und ein neues Tor hat sich geöffnet. Für Angehörige und Freunde bricht eine neue Zeit an, eine Zeit des Schmerzes und der Trauer. Sterbebegleitung wird an diesem Punkt zur *Trauerbegleitung*. Doch auch für die Begleiter selbst heißt es am Ende eines Sterbeweges, von einem vertraut gewordenen Menschen Abschied zu nehmen. Zurück bleibt die Hoffnung, dass sich die letzten Wünsche des Sterbenden erfüllt haben. Zurück bleibt aber auch das Geschenk einer Begegnung im Angesicht des verlöschenden Lebens.

> Ich lebe mein Leben in wachsenden Ringen,
> die sich über die Dinge ziehn.
> Ich werde den letzten vielleicht nicht vollbringen,
> aber versuchen will ich ihn.
>
> (Rilke, R. M.)

Literaturhinweise

ALBRECHT, E.; ORTH, C.; SCHMIDT, H.: Hospizpraxis. Ein Leitfaden für Menschen, die Sterbenden helfen wollen. Herder Vlg., Freiburg 1996

GRIMM, Gebrüder: Kinder- und Hausmärchen. Gondrom Vlg., Bayreuth 1983

KÜBLER-ROSS, E.: Interviews mit Sterbenden. Gütersloher Verlagshaus, Gütersloh 1996

KÜBLER-ROSS, E.: Leben, bis wir Abschied nehmen. Gütersloher Verlagshaus, Gütersloh 1991

RILKE, R. M.: Gesammelte Werke. Insel Vlg., Frankfurt/M. 1986

SPECHT-TOMANN, M.; TROPPER, D.: Zeit des Abschieds. Sterbe- und Trauerbegleitung. Patmos Vlg., Düsseldorf 1998

SPECHT-TOMANN, M.; TROPPER, D.: Hilfreiche Gespräche und heilsame Berührungen im Pflegealltag. Springer Vlg., Heidelberg 2000

SPECHT-TOMANN, M.; TROPPER, D.: Wir nehmen jetzt Abschied. Kinder und Jugendliche begegnen Sterben und Tod. Patmos Vlg., Düsseldorf 2000

SPECHT-TOMANN, M.; TROPPER, D.: Zeit zu trauern. Kinder und Erwachsene verstehen und begleiten. Patmos Vlg., Düsseldorf 2001

SPECHT-TOMANN, M., TROPPER, D.: Wege aus der Trauer. Kreuz Vlg., Stuttgart 2001

TAUSCH-FLAMMER, D.: Sterbenden nahe sein. Was können wir noch tun? Herder Vlg., Freiburg 1997

Neue Lebenschancen

Pubertät, Krankheiten, Trennungen, Arbeitslosigkeit - manche Krisen überstehen wir einfach, andere lassen uns über uns selbst hinaus wachsen. Man nennt sie Wandlungskrisen. Gelingt ihre Bewältigung, gewinnen wir ein Mehr an seelischer, körperlicher und sozialer Stabilität.
Dieses Mehr an Entwicklung nennt Hartmut Kraft PlusHeilung®. Anhand zahlreicher Fallbeispiele, auch großer Persönlichkeiten, zeigt der Psychoanalytiker, wie Wandlungskrisen in ihren Phasen verlaufen und zur PlusHeilung® führen können.

Hartmut Kraft
PlusHeilung®
Die Chancen der großen Krisen
Hardcover, 180 Seiten
ISBN 978-3-7831-3106-2

KREUZ

www.kreuzverlag.de
Was Menschen bewegt

Wenn der Partner stirbt

Trauer und Überforderung: wenn nach dem Tod des langjährigen Partners das ganze Leben neu organisiert werden muss, geraten viele Frauen in eine schwierige Situation.
Vor dem Hintergrund ihrer langjährigen Erfahrung in der Trauerbegleitung beschreibt Dorothee Döring die Symptome der Trauer und wie sie lebbar sein können. Sie gibt konkrete Hinweise zur organisatorischen Abwicklung eines Trauerfalls sowie zu Anlaufstellen und Netzwerken.

Das Buch wendet sich primär an Frauen, die nicht den Mut haben, zur Beratung oder in eine Selbsthilfegruppe zu gehen.

Dorothee Döring
Ohne Partner weiterleben
Hilfen für verwitwete Frauen
Broschur, 160 Seiten
ISBN 978-3-7831-3108-6

KREUZ

www.kreuzverlag.de
Was Menschen bewegt